せんせいのほんね

元教師まえせんこと
前田先生の独白

前田義孝
MAEDA YOSHITAKA

幻冬舎MC

せんせいのほんね

元教師まえせんこと前田先生の独白

目次

昭和の若手教師として

平成の中堅教師として

児童・生徒の氏名はすべて仮名です

昭和の若手教師として

新任教師として新天地へ

一九七八（昭和五三）年四月に、二七歳の私が新規採用の教師として赴任したのは、O市のA小学校だった。木造二階建ての校舎が二棟高台に立っていた。児童数は五〇〇人程度で、各学年三クラスだった。一学級は三〇人程度だった。赴任前に電話がかかってきた。

「前田さんのお宅でしょうか？　前田さんはこのたび私どもの学校、A小学校に勤務していただくことになりましたのでお知らせします。私は校長のMです」

明瞭な口調の学校長から、歓待ともいえる電話を受けてほっとした私ではあったが、新天地に向かう不安と期待の入り交じった心情であった。

教師になるまで　A大学生協で

私は中途採用だ。それまでいくつか職を変わっていた。K市のR大学を卒業してからK市の広告代理店に勤めたが三カ月で辞め、次にO市の医療機器メーカーに就職したが半年で辞めた。その後はK市のA大学の生協の書籍部に勤めた。アルバイトであったがそこは三年間勤め上げた。

私の仕事は主に、本の代金をレジで打って本を袋に入れ、釣り銭とともに渡すことだった。二人一組でレジに立っていたので、暇なときにはその相方とおしゃべりをしていた。

ある時、そのおしゃべりをしていた後ろから、「いつまでしゃべってるの？　あんたたち、仕事しに来てるんと違うの？」

副店長のEさんに叱られることが度々あった。

仕事というより、おしゃべりに来ている、学生気分の抜けきらない若者であった。

もちろんおしゃべり以外もしていた。西販という書籍販売の中継ぎの大手会社から、大量に入ってくる新刊の山を書棚に運ぶ作業も行っていた。

店長のZは、三〇代半ばの真面目な印象の男だった。がいつも酒席では急に立ち上がって、卑猥《ひわい》な言葉を口にする男であった。

どういった経緯でそうなったのかよく覚えていないのだが、忘年会の時、K市内の居酒屋店内で、冗談のつもりで私がその口調をまねて下品なことを言ったようだ。するといきなり店長が私の腹をなぐり、両手で私を押し倒したのだ。私は何がおこったか分からなくて、ただ腹を押さえて痛みに耐えかねうめき続けていた。

後に目撃していた女子店員によると、店長自身相当酔っていたみたいで、酔いが覚めてから反省はしていたようだ。

それから半月ほどたった昼の休憩時、食堂でラーメンをすすっていると店長が近付いてきて、黙って私の机上にデザートのアイスクリームを置いていった。私の値打ちはアイスクリーム一つほどのものなのかとも思ったが、まあ根は悪い人でないと思った。しかし、あの時はほんまに痛かった。

アルバイトの職員組合執行委員長となる

これまた、どういう経緯でそうなったかは判然としないのだが、三年目でアルバイトの職員組合の執行委員長に担がれた私は、賃金確定交渉では、執行部との交渉を余儀なくされた。執行部の理事長は、いつも苦虫を噛みつぶしたような顔をしている、痩せ細った初老の男であった。私はこの男のことを、初対面の時から肌が合わないと感じていた。

日頃は、庶民の味方を声高に叫んでいる執行部だから、弱い立場の者には寄り添ってくれるものと思っていたのだ。しかし呆気なく思惑は外れた。執行部のお偉方はみんな、似たり寄ったりの面構えと態度だった。庶民の味方を名乗るなら、もう少し謙虚な態度で接してもらえないものかと思っていたが、我々弱い立場のアルバイト労働者など、歯牙にもかけない様子が見て取れた。

確かにアルバイトにも一時金が出るというのは、その頃の社会情勢から見ても、悪い条件ではなかったように思う。しかしその実、時給三八〇円が相場の私たちにとって、八時間働いても三千円にしかならなくて、月にすると八万円に届かない。

私はマイクを持って、執行部の役員に向かって言った。

「ご主人をなくされたアルバイト職員Aさんは、今現在、四歳の娘さんと二歳の息子さんを育てておられます。お一人で精一杯頑張っておられるにもかかわらず、このような低い時給でははっきり言って生活できません！　せめてお二人のお子さんに、好きなものをお腹一杯食べさせてあげることができたら……。

私は言いたい。正規の職員並みに賃上げをせよと言っているのではない！」。ここで私はやや芝居がかっていると思いつつ、机をバシッとたたいた。そして続けた。

「せめて食事くらいは、保証してもらえないでしょうか」

中々賃上げを認めようとしない執行部に対して、ようやく一時金一律二千円の賃上げを認めさせた。時間は夜の一一時を過ぎていた。

理事長は私の方を向いて、大きく頷《うなず》いた。『どうや、私たちは物分かりの良い寛大な経営者だろ。感謝してもらいたいくらいだね』とでも言っているかのようだった。そのときの理事長に私は「二千円はこのあとのタクシー代にも足りませんよ」と嫌みを言ったことを覚えている。

あくる日食堂に行くと、いつも私に声をかけてくれる五十がらみの丸顔のおばちゃんが、笑顔で言った。

「委員長さん昨日はご苦労さんでした！　おかげで二千円上がったんやってな。ありがとう！」

私は一瞬戸惑ったが、内心うれしかった。少しでも役に立てたという実感があったからだ。

しかしそれにしても、みんなこのように交渉結果を肯定的に思ってくれていたとは。その職場の人々の優しさというか、欲のなさに感動したのを覚えている。

失恋する

A大学生協、そこに勤めたときに、K市のB大学の通信教育で小学校教育課程の単位を取得して、私は地元のO市の教職員採用試験を受け、なんとか合格できたのだった。

正直ほっとした。心配をかけていた両親にも、なんとかかっこをつけた形になった。よ〜し、明日からは大手を振って道を歩けるぞ！　そして私は、かねて思いを寄せていたA美のことを思い、明るい未来を夢見たものだ。

しかし四月になり、電車通勤をし始めた私の耳に、A美の結婚の噂が漏れ聞こえてきた。ガックリ、案の定、失恋。やっぱりだめだったか……。

A美は私の友人Yの妹だった。Yとは小学校四年生以来の付き合いで、中学校・高校と同じ学校に通った。

Yは国立のK大学の法学部を卒業して、司法試験に合格した秀才で、法曹関係の仕事に携わっていた。私は私立のR大学の法学部を五年かかって卒業したが、早くから司法試験をあきらめていた。

A美は幼いときから知っていた。Yの家に何度も行っていたので、互いに顔見知りだったし、私が一方的に思っていただけで、A美は私に魅かれることはなかったように思う。兄と比較したら、私は遥かに劣る存在だっただろうし。

A美は小柄だが、笑うとえくぼのできる愛くるしい顔立ちをしていて、性格も素直だった。

一九七〇年大阪で万博があった時、Yの家族と私とで万博に行ったことがあった。私は大学の二回生だった。A美も一緒で彼女は中学生だった。会場内を歩いていると白人男性五、六人の団体に遭遇した。陽気な中年のおじさんたちで、向こうから私たちに片言の日本語で話しかけてきた。

アメリカのどこそこから来たことや、素晴らしい万博だということをしゃべったあと、一人の男性がA美を見ながら「とても可愛いね！　うちの子にならないか？」

と言いだした。私はそれを聞いて、内心穏やかではなかった。相手は冗談のつもりなのは分かるが、A美をとられるのではなどと勝手に妄想し、相手の白人男性に対して敵対心を抱いている自分がいた。遠い昔の思い出だ。

その後もA美を密かに思っていた私は、教員となった暁には思いを打ち明けて、などと夢想していたことは否定できない。

その失恋から十数年後、私が結婚してから一度Yの官舎に行った時に、偶然A美とそのご主人が写っている写真を見たことがあった。

幸せそうに笑っているその笑顔を私は、複雑な思いで見つめたものだ。ただ私もその時は、結婚していて可愛い嫁さんをもらったという幸福感があったので、何とかその場をしのげたことを覚えている。

しかしA美の結婚を知った当初は、正直祝福する気など湧かず、A美のご主人が事故か何かで亡くなってくれたらなどと、不遜なことを思い描いたものだ。

柵を越えて怒られる前科も

自宅のアパートの最寄り駅A駅の改札は反対ホームの片側だけにあり、私の乗るホームは反対側なので、遮断機が下りればもう間に合わない。しかし一つだけ方法があった。

電車が来れば、遮断機横の鉄錆の浮き出た白い柵を越えて、後ろ車両に向かって線路上を走れば乗れるのだった。改札を通らず柵越えで電車に。こんな危ないことを私は四月の当初に覚えてしまった。

ある時、えいっとばかりに何度目かの柵越えの実演途上、電車の後ろ車両に飛び乗ったところで、車掌に怒鳴られた。

「こらっ！　なにするんや。あぶないやんか！　死んでもええんか？」

私鉄の制帽の下の厳《いか》つい顔が、私をにらみつけている。

ごもっともなこと！　「申し訳ありません‼」

私は幼稚園児だった頃、この私鉄電車を止めた〝前科者〟だったことを思い出した。

何の時だったかは定かでない。私はその私鉄の軌道敷を一人で歩いていたようだ。しかも一本の線路上を、両手を横に広げバランスをとりながらふらふらと歩いていたそうだ。

気付いた運転手が慌てて急ブレーキをかけ、間一髪のところで人身事故を免れたという。後に私鉄から母に連絡があり、発覚した。どうして私の名前が分かったのかはいまだに謎であるが、おそらく乗客の中に私を知っている人がいたのだろう。

今から思うと冷や汗の出てくる状況で、運転手の発見が数秒遅れていたら、私の人生は幼稚園児で終わっていたことだろう。

バスを止めて怒られる

電車のあとはバスで学校付近まで行く。Xバス、この地域はこのバス会社一社のみだった。

ある時バス停に着くと、ちょうどバスが発車するところだった。このバスのあとは三十分後で、とても授業に間に合わない。私は慌ててバスの前に回り込み、運転手に手を振ってバスを止めさせた。

この会社の運転手は、気丈夫な人が多いと聞いていた。その運転手も強面の顔をしていた。

息を切らしながら私がバスに乗り込むと、運転手が私に向かって吠えた。

「アホ！　バス止めてどないするんや！　バスは待って乗るもんじゃや。あんた先生ちゃうのか？　先生がそんなことしとったらあかんやろ！　今度やったら校長に言うぞ」

どうやら教師だとばれていたようだ。

初めての担任　呼び名を間違える

最初に担任したのは三年生だった。めっちゃめちゃ可愛かった！　みんなほんまに可愛いお坊ちゃんとお嬢様だった。ピカピカの児童名簿を見ながら、難しい漢字にはルビを打ってあるのを見ながら呼名した。しかし間違いはあった。

「やまだ　のりこ　さん」

「違います。みちこです！」

典と書いてみちと読む、と知った。

子どもと遊ぶ

昼休みには子どもとボール遊びをした。私は、子どもの頃やっていたボール遊びを子どもたちに教えた。

地面に棒で四つの陣地を描き、それぞれを殿様・大名・武士・町人とし、ドッジボールをワンバウンドさせて相手陣地に送る。飛んできたボールはワンバウンドさせてから手で打ち返し、相手の陣地に入れる。外れてアウトになると位を一つ落とし、その位の者と入れ替わるのだ。殿が外すと大名に落ち、大名が殿になる。町人が落ちると次に並んでいる者が町人になる。

そしてもう一つ重大な点がある。四つの箱の中央にまあるい落とし穴のようなところがあって、そこは〝どけ壺〟と呼んでいたのだが、そこにボールを落とすと即アウトとなって、たとえ殿様でもたちまち町人以下の身分となって、一番最後尾に並び直さなければならなくなるのだ。

私は「てんだい」と呼んでいたが、子どもたちは横文字で〇〇ボールと呼んでいたように思う。両手でボールをついても片手でついてもいい。ノーバウンドでボールを捉えるとアウトだ。

私の特技は真空斬りと称した打ち方で、帰ってきたボールを一瞬両手でつかみ、時計回りに思いっきりひねりを入れてボールを回転させるのだ。相手陣地に入るとそのボールは異常な方向にバウンドして、相手は捉えにくくなる。

私は子ども相手に情け容赦なく、その真空斬りを炸裂させた。子どもたちの前で私は喜々として、両の手で空を斬るまねをする。ふわ～っとボールが私の陣地に飛んでくる。にやっと笑みを浮かべた私は、

「しんくうぎり！　エイッヤー！　参ったか」

「ギャー！　ずるい～せんせい」

「悔しかったら、もっとうでをみがいて、出直してこい。この青二才、いや青九才めが。だいたい先生に勝とうなんて、千世紀早いんだよ」

長休み(午前一〇時二〇分から二〇分間)と昼休み(一二時三五分から三〇分間)は運動場へ行って、子どもたちとよく「てんだい」をして遊んだものだ。私が負けると子どもたちは、みな手をたたいて喜んだ。「やったー! 先生をやっつけたぞ」

私は内心は悔しかったのだが「ま、たまには負けてやるか」。ちょろっとベロ(舌)を出し、声に出して言ったものだ。ほかにもドッジボールやドロケイ(泥棒と刑事)という鬼ごっこ等もよくした。

算数にジュース

社会科の学習・地域学習では、よく地域に出かけて行った。今にして振り返ると、ただいたずらに地域の農道を歩き回っていただけのように思うが、子どもたちは元気で、特に算数とかが苦手な子は喜んで走り回っていたように思う。

算数といえば、かさの学習では水の代わりにジュースを使用して、正解した児童にはその場でそのジュースを飲んでもいいことにした。最後には全員が飲むことができるようには配慮したが、他学年の教師のKから、わざわざジュースを買う必要はないと言われたことがあった。私に反論の余地はなかった。しかし私はその後も、このジュースの学習をやめることはなかった。

おやつを守り抜く

そのKは理論派ともいうべき若手教師で、四月最初の職員会議で、校外学習におやつは必要なしという考えを提議していた。何のための学習かを考えなければ校外学習の目標は達成されない等々。私は即座に反論しようとしたが、ほかの教員の考えはどうなんだろうとしばらく様子をうかがった。そんな硬直した考えを拒否する意見が出てくるのを待ったが、どうやら誰も反対しないようだった。

私は手を上げ、意見を述べた。

「確かにおやつは、直接学習には関係ないでしょう。しかしおやつは、特に低学年の子は楽しみにしていることでしょうし、わずかでよいので認めてやってはいかがでしょう。例えば三〇円までとか」

「そんなもんやったら、なくても一緒や」という誰かの声が聞こえ、私はさらに反論する語気を強めた。

「子どもたちは、決められた枠の中で精一杯考えて買ってきますよ。それも工夫や勉強のうちです。認めてやってください」

司会の五年生の学年主任のP先生が言う。

「今の件について決を採ります。校外学習におやつを持ってきてもよいとお考えの方は、挙手をお願いします」

ケツをとるといっても尻をとるわけではないのはもちろんだが、参加教職員三五人中一八人の挙手によっておやつは認められた。ぎりぎりセーフであった。

職員朝礼で

六月になって水泳学習が始まった。私のクラスはどういうわけか、いきなり一時間目から水泳学習になっていた。しかも二時間続きで水泳だ。登校してすぐ子どもたちは、タオルで体を隠しながら水着に着替えて待機している。

低学年と中学年は、男女とも一緒の部屋で着替える。朝の会も水着で行っていた。というわけで私も子どもたちと同じように、出勤したらすぐに職員ロッカーに行き、水着に着替えていた。

職員朝礼の時、学校長が私の方を当惑したように見つめつつ

「前田先生、今はその格好はちょっと……」

くくくっくく！　忍び笑いから笑い声となって私の耳に襲いかかってきたその笑いは、やがて大きな爆笑の嵐と化していったのだった。

ワハハハハハハ！　ワハハハハハアハハハハハ!!

遊び重視の私、保護者は

私は確かに、学習よりも遊ぶことに力を入れていたといわれても仕方がない。それが保護者の方々にとって、若干の不安と不満の元となったかもしれない。「前田先生、そりゃ勉強の方は諦めな。あの先生は遊ぶことばっかりやしな」というような噂が、流布していたような……。

愛情を盗んだ君彦

私にとっては初めての運動会が終わって、ようやく教師にとっても子どもたちにとっても、きつい練習から解放されたある秋の昼下がり。学校近くの子ども向けの駄菓子屋から、一本の電話が入った。生徒指導担当の先生をということで、私が電話口に出た。

「はいもしもし」

「A小学校の生徒指導の先生でっしゃろか？」

「はい、私が担当の前田ですが」

「小山君彦君は、おたくの学校の子でっしゃろか？」

「はい、小山君彦はうちのクラスの子ですが、君彦君がどうかしましたか？」

「どうもこうも、この子が来るたんびに物がなくなりよるんや。今日こそ堪忍袋の緒がきれてしもうたんや」

「どういうことでしょうか？」

「くわしいことは、来てもろうて話せたらと思うんやけど」

「はい、分かりました。すぐにうかがいます」

D商店は校門を出てから二、三〇メートル先にある、木造の二階建ての建物の一階部分だった。

「どうもうちの児童がご迷惑をおかけしたようで、申し訳ありません」

「先生でっか？　このぼん、これでもう一〇回以上や。初めは優しゅう言って聞かせたつもりやったが、どうも生ぬる過ぎたわ。なんぼ言っても繰り返しよるんや。ガムとか飴とか小さいもんから始めよってから、今ではかなり大きい菓子袋を二つも三つも持って行きよるんや」

「かかかんにん！　もうしません」。大声で言うと君彦はその場でうなだれ、私の前で唇を尖らせてだんまりを決め込んだ。君彦の父親は警察官であった。数年前に、この地域に越してきたのだった。

私は悩んだ末に、この件については母親のみに伝えることにした。その日母親は留守であったので、次の日に母親を学校に呼び出した。

君彦の母親は小柄で声も小さく、少しビクビクしていた。君彦の万引き癖について話し合った。

母親によると、君彦が幼稚園児の時からどうも、家の物を持ち出したり財布から一〇円、二〇円が紛失していたりしたことがあったそうだ。

物を盗むという行為は、何かの代償行為だとも思われ、その原因を突き止めて治療に当たるのが筋だという。君彦の場合は残念ながら、両親の君彦に対する愛情不足とも言うべき状況が生み出した行為ともいえる。君彦は物を盗むたびに満たされない愛情を盗んでいたのかも。

私は母親に言った。母親は赤ん坊を背負っていた。君彦の妹だ。

「何かの機会を捉えて、君彦君のこと一番大事に思っているんやとはっきり言うてあげてください」

「はあ、でもいつどう言ったらいいのか」

「今までの分を大まかに勘定してお店に返すことも実行してください。君彦君は八回とったことを認めていますから。一回につきおよそ二百円ですから、それに八をかけた額くらいをお店に返さなければなりませんね」

額そのものはたいした額にはならなくとも、母親としては相当苦痛だろうと思いつつ、私は淡々と言った。

「一緒に店の人に謝ってください。親の謝る姿を見て、自分の犯した罪を反省できると思いますから」

次の日に駄菓子屋から電話がかかってきた。

「先生、おおきに。さっき君彦君とお母さんが来やはったわ。お金も返さはりましたわ。まこれからも、気ぃ付けてあの子のこと見守っていかなあかんと思ってます。これからもよろしゅうに……」

落ちこぼ○

算数の授業では、明らかに理解が遅い児童が数人いた。当時は理解するのに時間のかかる児童を落ちこぼ○などと称して、何とか理解を進める手立てを講じなければならないという雰囲気があった。別に義務化されていたわけではなかったのだが、落ちこぼ○をつくることは教師の恥などと思っていたわけではないのだが、名誉ではなかったのは確かだ。

先の○には「れ」が入るのだが、「れ」ではなく「し」が入ると、教師サイドの言葉となり、それはあってはならないことだったのだ。

その年度の最後、春休みに入ってすぐに、私はその「落ちこぼし」の二児童を、その週末の土曜日の午前中に学校へ来るように、親に連絡した。

春休みに何回か補習してどうなるもんでもないのは分かりきっていたが、私は親御さんの承諾を得て、井田美紀子と鵜島学の補習授業を行ったのだった。

美紀子は三年生としては、一年生と見紛うほどに小柄な可愛い児童で、体つきも華奢であった。目鼻立ちの整ったその顔の輪郭から将来は、かなりの美人になるものと思われた。

学は三年生としては大柄で、性格もどちらかというとおおざっぱで、細かいことにとらわれないというより、物事の意味があまり理解できていないような言動がみとめられた。

私は二人と教室で、三年生のおさらいの算数の簡単な問題を解きながら、これから進級する四年生のことに思いをはせた。四捨五入など、四年生では算数は飛躍的に難しくなる。いわゆる九歳の壁なるものが存在し、二人とも理解力の差が歴然となる年齢層に達したのだ。簡単な算数の問題を解いた二人を誉めながら、この二人はこれから苦労するだろうなと思い、何とか力をつける方法はないものかと思うのだが、残念ながら思い浮かばなかった。

逆にこの学級の記憶では、四輪良樹のことを思う。彼は私の学級にいた頃から、算数や理科など理数系の学習に関しては、他を圧倒して抜きんでた学力を発揮していた。私の受け持っていた児童の中ではおそらく唯一、東大に合格した児童だった。K県のS学院へ進学し、現役で東大に合格した。その数年後、確か国家公務員になったという噂が私の耳にも届いてきた。

四輪良樹は勉強はできたが、行動面ではそれほど優れた児童とは言い難かった。

彼はあまり友人がいなかったし、係活動等にも積極性が欠けた。性格的には穏やかともいえたが、要するに他人にあまり関心がなかったともいえる。私は正直彼が苦手であった。彼も私に懐くことはなかったように思う。

その後ということでは、美紀子は早くに結婚したと聞いていたが、三〇代の中頃、男女の問題でごたごたがあったように聞いた。道ならぬ恋ともいうか、一時、夫と子どもを置いて家を出たようだ。その美貌ゆえのことだったのかも知れない。しかし私はこのことは、人間的には悪くないと思った。元のさやに納まったようで、まあ良かったかなあと思った。

鵜島学も残念ながら、良いうわさを聞いていない。

軽犯罪法に引っかかるような行為をしたとか。何かを盗んだとかという噂を。

残念ではあるが、まあ人間、良いこともすれば感心しないこともするものだ。立ち直ってくれているといいのだが……。

えこひいきした私

この最初の三年生を受け持った時、金木幸恵という児童がいた。彼女は三年生としては普通の体つきだったが、目鼻立ちがくっきりとした美人タイプで、性格は控えめで優しく、成績は中の上といった感じであった。

私は月一で、今でいうボランティアで地域に出かけて行って、補習授業等を行っていた。勉強ばかりではなく、読み聞かせや遊び等も行っていた。

ある時、私が講師としてその地区の公民館に行ったところ、何かのことで幸恵が泣いていた。私は幸恵にどうしたの？　と聞いたが要領を得ない。仕方なく泣き続ける幸恵をその場に座って後ろから抱きかかえ、慰めにかかったのだった。

後ほど、その地区の同じ私の学級の高杉萌子が私に言った。萌子は若干揶揄《やゆ》するかのように笑いながら

「先生、幸恵ちゃんのこと好きなんでしょう？」

私は答えに窮したのを覚えている。

その場を何とかごまかしたが、心の中で言っていた。

(嫌いなはずがない。好きだよ。でもなあ、みんなも好きなんだがなぁ……)

九年後に三六歳で私が結婚した時、私の元に金木幸恵からお祝いの手紙が届いた。

『先生、ご結婚おめでとうございます！　奥様をいつまでも大切にしてあげてくださいね』という趣旨の短い手紙であったが、私にはこれ以上はない祝福の手紙であった。

心底うれしかった。その手紙は今でも、大切に保管してあるのは言うまでもない。

五年生の担任に

そうして一年目を何とか大過なく過ごしたのだが、二年目にはいきなり五年生を担任することとなった。高学年はやはりいろいろあった。体も大きくなり精神面も三年生とはだいぶ違っていた。

体罰の加害者に

新学期が始まって一カ月以上が経過し、子どもたちもだいぶクラスに馴染んできたころだった。

ある時、私の学級の男子児童、大林和夫の書いた手紙を冗談半分に同じ学級の女子児童、日向愛子が取り上げ、皆の前で読み上げた。怒った和夫は手紙を取り返すべく手紙に手を触れた瞬間、愛子の手から手紙は別の女子児童・中林さくらの手に、さくらから次の誰かの手に渡ろうとしたその時、ビリッと紙の破れる音がした。ということで小さなアクシデント発生！

今から思うと、なんであんなことをしたのかは分からない。いわゆる、魔が差したとしか言いようがないのだが、私は関係した女子児童三人を並ばせ、手紙が破れた原因をつくったことを認めさせると、いきなり彼女たちのほっぺたを右手のひらでぱぱぱんと順繰りになぐっていった。随分と感情的になったものだ。

二、三日後に愛子のお母さんから手紙をいただき、愛子が大変ショックを受けている旨を知らせてこられた。

私はその時に初めて、殴られた児童の心の痛みに思いをはせた。突然の担任の暴力に、どうしていいか分からない状態に追い込まれたのだろう。私は反省し愛子宅を訪れ、愛子と愛子のお母さんに謝罪した。愛子以外の児童宅も訪れ、謝罪した。親御さんたちは、私の行動を直接非難されることはなかったが、私と児童たちの信頼関係は、残念ながら回復されることはなかったように思う。

二〇年後の再会

それから二〇年後O市内の某所で、教習所教官として働く愛子に出会った。私は内心懐かしくうれしかった。しかし、挨拶だけで話は進まなかった。教習所の教官になったということから、何か話しだそうとしたのだが、何も思い浮かばないのだった。別れ際、私は無理やり引きつったような笑顔を彼女に向けて、逃げるようにしてその場を離れたのだった。

私は殴ってしまったことがあって以来、教員時代の中で、それ以降は体罰は一度も行わなかった。

生徒指導主任になる

その五年生を担任していた時、私は校務分掌では、生徒指導主任という責任ある役を担っていた。なぜ新採二年目の私のような若輩者が、生徒指導主任になったのか？　という疑問はあったが、私より年上の教師がそんなにいない状況も影響していた。いたら教頭か教務主任がその任に当たっていただろうし、女性の学年主任がほとんどだったので、私にお鉢が回ってきたのだろう。

事件発生

そんな秋も深まった某日、学校にとって大きな生徒指導上の問題が勃発した。私より五つ下の同僚男性教諭Sが、放課後に生徒指導部会を開催してほしい旨を私に要請してきた。臨時で開催してほしいとのことだった。普段は快活で元気そのものだったその顔が青ざめ、焦燥した雰囲気が感じ取れる。

「いいですが、案件は何です？」

「私の学級の前野みなと君のことで、緊急の話し合いが必要になったんで」

「どんなことです」

「会議の時に詳しく言いますが、要するにいじめです」

生徒指導部会でS教諭が述べたことは、私にとっては寝耳に水の出来事だった。

S教諭が述べたことはおよそ次のようなことだった。

四年A組の男子児童、小村将《まさる》が同じクラスの男子児童、前野みなとに対していじめをしているという。そして、最近みなとの右手の甲に火傷の痕が認められた。どうやら先日帰宅して将の自宅で一緒に遊んでいたところ、何かのことでけんかというより一方的に将がみなとに怒りを感じ、その場にあったたばこの火をみなとの手の甲に押し付けた、ということだった。

私は事が事だけに、校長や教頭等管理職にも入ってもらう必要を感じ、すぐに校長室へ連絡し、管理職に来てもらった。

私はこれは学校だけで解決する問題だろうか？　と思い、校長に尋ねた。

「校長先生、これは大変重大な問題です。学校だけでなく、地域の人にも相談していく必要はありませんか？」

私の提案に対して学校長は「そうですね。地域での事件と言えばいえますし、地域の人にも知ってもらう必要はありますすね」

将は母子家庭で、父親の行方は不明とのこと。母親は昔歌手だったそうで、K市内の場末の酒場で流しをやっていたように聞いているが、本当のところは分からない。たばこは母親の吸っているもので、ライターも母親のものだという。

地域での話し合い

数日後、夜の七時から地域の会館で、学校と地域の役員数人と将と将の母親、そして被害児童のみなとみなとの母親(当時父親は長期の出張中だとのこと)が出席して、会合が始まった。学校側からは、校長と教頭、四年の学年主任、そして私と学級担任のS教諭が参加した。私が司会進行役を仰せつかったが、ともかく落ち着こうと自分に言い聞かせた。

「おかしいんとちゃうか！　そんなたばこの火押し付けるやなんて。謝り！　ともかく謝りなさい」

突然、地区の役員を拝命するC氏が、激高しつつ声高に言い放った。C氏はT小学校のPTAの役員もしている三〇代の男性で、自動車整備工場を経営していた。子どもがこの春一年生に上がったばかりで、少し張り切り過ぎの印象があった。

私は困った。いきなり開会の挨拶抜きでこんなことを言わせて良いものか。私は言った。

「謝罪は必要ですが、この場は今までの経緯を確認していきたいと思います。ただ今より学校と地域の二者協力による、問題解決のための会議を持たせていただきたいと思います。まず将君とみなと君の担任であるS教諭の方から、今までの経緯を報告させていただきます」

S教諭は、低い声で話し始めた。

「失礼します。将君とみなと君の担任のSといいます。二人は四月以来学級の中でも一番の仲良しで、休み時間になると二人で何かして遊ぶという感じでした。将君の方がお兄さん的な感じで、何かとみなと君の面倒を見ていたという印象でした。

最初の頃は、二人の関係を微笑ましいと思っていたのも事実です。しかし一学期が過ぎ二学期が始まった頃には、どうも将君がみなと君に何か言うと、みなと君がその言いなりになるというような場面が見られるようになりました」

S教諭は参列者それぞれの反応を確かめるかのように、皆の方へ視線を向けながら話を続けていく。

「～というようなこともあり、それから二人の関係は友人同士というより、上下のある関係になっていきました。ひと月ほど前に起こったスーパーでの万引き事件の時、捕まったのはみなと君一人でしたが、どうやら将君が何と何を万引きしてこいと、みなと君に命じて起こったようなんです」

聞いていた者たちの間から、小さなざわめきが起こった。私は生徒指導主任としてその万引き事件に関わり、店に行ってみなと君に事情を聞き出し母親に連絡、母親とみなと君に指導を行い、二人に店の責任者に謝罪をさせた。私も謝罪した。そのようなことを思い出しながらS教諭の話を聞いていた。

「あの万引き事件は、みなと君の手に握られていた未開封のキャラメルの箱が証拠品となって、みなと君単独で行ったとなっていましたが、最後にみなと君に確かめたところ、将君に言われてしたと言いました」

私は突然、将の方に顔を向け、「まさる君」と声を上げた。

将は急に呼ばれて驚いた様子だったが、私は続けて
「みなと君に言ったというのは本当ですか？」

母親のそばに、ふてくされたように椅子に腰掛けていた将は、その場から慌てて立ち上がり小さな声で「すみませんでした。言いました……」

するとここで突然、将の隣に座っていた将の母親が立ち上がり、私の方に向かって声を荒げてしゃべりだしたのだった。

「なんや、さっきから聞いてたら、うちの子がまるで犯罪者のような扱いやないの？　ええ加減にしてや！　こうなったら、出るとこ出たろか。なんやこの会議は。ちょっと話聞きたいんや言うから出てきてやったのに、これではうちの子がさらし

もんやんか。私も昔は、こう見えてもKレコード所属の歌手やったんや。難波恋○○というレコードも出したんや。その息子に向かってみんなしていじめてるんやないか。出るとこ出たろか！」

私は相手を刺激しないように注意しつつ言った。

「出るとこいうのは警察のことですか？　今日は警察には行きませんし、警察も呼んでいません。それよりも息子さんは、みなと君に言うたと認めています。そのことをしっかり受け止めてください」

将の母親はやや勢いをそがれた様子で、うなだれて着席した。

「さて、これまでの経緯の続きをS教諭が報告します」

担任のS教諭の報告が続く。

「万引きのあと、夏休みが終わって二学期が始まりました。運動会も終わってようやく、落ち着いて学習に取り組めると思っていた矢先のことでした。朝の出席をとっていた時、みなと君の様子がおかしいと気が付きその手元を見ると、右手の甲に白いガーゼが当てられ、上から包帯が巻かれているのが目についたのです。

『みなと君どうしたん？　その包帯は』

『ううん。ちょっと火傷したん』

『そうか、ちょっと見せてみ』

『い、いいんです。大したことないから』

慌てて隠そうとするみなと君を見てその場はそのままにして、昼休みになって私はみなと君を保健室に連れて行き、養教のL先生にみなと君の手の甲をみてもらったのです。L先生はみなと君の手の甲を一目見て、開口一番、

『これは先生、たばこの火か何かを押し付けたもんです。間違いありません』

『みなと君この火傷の痕、どうしたん？』

『あんな、あんな、これ自分でしたんや』

私は明らかに何か隠していると思いましたので、放課後もう一度保健室に連れて行き、みなと君に確認しました。

『みなと君、本当のこと言ってくれないか？　誰がこの火傷を』。みなと君はなかなか言ってくれませんでしたが、ようやくつぶやくように『将君に罰として火傷させられました』

私はみなと君を車で家まで送っていき、お母さんにこの件を確認しました。お母さんも火傷の件はご存じだったようですが、治療だけしたとのことです。みなと君のお母さんには、この件でいずれ話し合いを持つ旨を伝えてから、みなと君宅を辞した私は、近所の将君宅にそのまま行き、玄関先で将君にこのことを言うと、初めはぐずぐずと言い淀んでいたのですが、結局はたばこの火を押し付けたことを認めました。その時将君のお母さんは留守でした。

その夜私は再び将君宅を訪れ、将君のお母さんに、将君がみなと君の手に火傷を負わせた旨を知らせました。あくる日、私は生徒指導主任にこのことを伝え、生徒指導部会を開いてもらい、今日に至った次第です」

私はS教諭の話を受けて、どういう方向性で話を続けていくべきかを考えていた。

「という経緯で今日の話し合いの席を持ったわけですが、いかがでしょう。ご意見のある方はどうぞ」

地域の役員C氏が挙手した。口ひげを生やした中年のおじさんだった。私はすぐに当てて発言を促した。C氏が話しだした。

「いやあ、僕は今までにいろんなことに出くわしてきたが、こんなことにはあまり出あったことないなあ。まだ年端もいかない小学生が、こんな残酷なことしよるんはなんの影響かな？　と考えたんやが、やはりこれは親の教育がなってないからやないかって思うしかないやないか。あんた」と将の母親に睨みつけるような視線を向けながら、

「自分の子のこと、今までどんな教育してきたん？」

「ふん、あんたなんかに言われとうないわ」

「なんやと！　こんな子になったんは、あんたのせいやろ！」

「こっちは夜中まで仕事で、この子には寂しい思いをさせてきたんは事実やけ

ど……」

「夜中まで？　ふん、どうせろくなことしとらんにゃろ」

「見てもせんくせに、ええ加減なこと言わんとって！」

ここで司会者である私は、急に机をバンとたたいて立ち上がった。

「司会者、せんせい、どうしたの？」と誰かが聞いた。

「ちょっとトイレに」

場内に失笑が漏れ聞こえ、緊迫した空気が一気に和らいだ、というよりずっこけたようだ。別にわざと言ったわけでなく、本当に催してきたのだった。苦笑いとともに私は言った。

「一五分間、休憩します」

一五分経過後、席に着いた私は宣言した。

「二者合同会議を再開します」

「将君のお母さんにお聞きします。将君がみなと君にあのような傷を負わせたことを、いつ知りましたか？」

「S先生から連絡をもらって初めて知りました」

「それまでは気付かなかったということですか？」

「はい」

「今このことをどう思いますか？」

「申し訳ないとは思いますが、どうしたらよかったのか正直分かりません」

「やはり素直に謝ることから始めませんか」

「……」

「ともかく酷いことをしたのは認めざるを得ないのですから、あなたのお子さんはみなと君に、心からの謝罪の言葉をかけるべきではありませんか？」

「分かります。でも子どものけんかに大人が出ていくというのは、どうなんでしょうか？」

「子どものけんかと今おっしゃいましたが、どうもこの件については、もはや子どものけんかの域を超えてしまっているとしか思えないのですがね」

「どういったことですか？」

「子どものけんかじゃないんですよ！　傷がはっきりとついています。かすり傷程度の怪我じゃありませんよ。かなりはっきりとした傷害と認めざるを得ないのですよ」

「分かりましたよ。お薬代出しますから」

「そういったことだけでは済まされないことですよ。

お分かりになりませんか？　右手の甲にたばこの火を押し付けられたみなと君の味わった苦痛は、いかがなものだったか？　痛かったでしょう！　熱かったでしょう！　その痛みを思ってください。そんな一言で済ませられますか？　お母さん」

「な、な、なんやの？　今日は私たち親子に何せえ言うのんや。もう認めてるやろ。ああ悪かったよ、私の教育が悪うございました。こいつはいつも、みなと君のこと子分や言うておりましたわ。行き過ぎたことはあったやろけど、子どものことやから許したってくれへんのかいな。あかんの？　それでのうても私らは、昔から貧乏くじ引かされてきたんや。大目に見てくれへんのかいな？」

拝むような格好をしつつ母親は言った。

ここに至って参加者の多くは、当該児童とその母親の正体を知ったという共通の認識を、暗黙のうちに共有したように思った私は、二人に語りかけた。

「さあ将君、お母さん、みなと君にきちんと謝りましょうよ。みんなが証人ですよ」

地域の役員の者が二人、将母子二人の前に立ちふさがり、起立を促してみなと母子の前に導く。仕方なしに将と将の母親は、みなととその母親の前で頭を下に向けた。将のか細い声が響いた。

「すみませんでした。もうしません」

一応形だけの謝罪ではあったが、衆目の面前でなされた謝罪である。私はこの会の目的が達成されたことに、胸をなで下ろしたのだった。

「時間もたっています。子どもさんの就寝時間に間に合うようにおうちに帰っていただきたく思います。最後に学校長から。とその前に、地域の役員様の方から一言お言葉をいただきたく思います」

ゆっくりと、地域の重鎮と目される人物が立ち上がった。真っ白い顎ひげを生やした八〇代と思しき老人が、おもむろに口を開いた。地域連合会会長のE氏であった。

「今日は、地域の問題解決のため、皆さんのお力をお借りして、大変有意義な話し合いを持てたのではないかと思います。地域の子どもは、地域のみんなで見守っていこうというのが世の常やと思います。今後とも地域と学校が協力・連携して、地域の子どもたちを温かく見守っていきましょう。甚だ簡単ではございますが、閉会の挨拶とさせていただきます。本日は誠にご苦労さまでございました」

「最後に学校長、よろしくお願いします」

M校長が立ち上がる。

「きょうは皆さんご苦労様でした。先ほど会長さんがおっしゃったように、地域の子どもは地域のみんなで見守るというのが当たり前です。このことをしっかりと実践していくのが我々に課せられた責務です。どうか今後ともご協力のほどよろしくお願いします」

「以上をもちまして、会議を終了させていただきます。ご苦労様でした。お気をつけてお帰りください」

この件については、数十年後にS教諭が私に知らせてきたことがある。六年生の関与が大であったこと。主犯はどうやら六年生であったということらしい。六年生に加害を強要されて、加害者と被害者の同級生仲間での忌まわしい図式が、成立してしまったということらしい。あの会議に六年生の児童は来ていなかったと記憶しているが、あの会議の前には全教職員で話し合い、学校内では、この火傷に関することは周知のことであったのは確かだ。私としては、今となっては遠い記憶の彼方へと押しやってしまった出来事であるが、彼らが今も元気で生きていることを願うばかりだ。

遭難騒ぎ

その年の二学期も終わり、十二月も下旬にO市の旅館名月で、教職員の打ち上げが行われた。多くの行事を乗り越えて二学期が無事に終わり、我々教師の頭には、やれやれこれで年を越せるぞという安堵の念があった。

「〜というわけで無事今日を迎えることができましたのは、ひとえに皆様方の日頃のご努力とご協力のたまものでありまして、校長としては本当に皆様方に心より感謝申し上げるしだいでございます」

「それでは僭越《せんえつ》ながら、乾杯の音頭をとらせていただきます」

「乾杯!!」

宴もたけなわの頃、突然館内放送が流れた。

「A小学校の先生方へ。ただいま電話が入りまして、A小学校の生徒さん三人が山に行って帰ってこられないとのことです。詳しいことは分かりませんが、当直の先生から、全員学校へお帰りになってくださいとのことです」

時間は夜の八時を過ぎていた。私たちは宴を途中で投げ出して、その場から街中のタクシー乗り場へ直行することにした。三十数人が乗るにはかなりの数のタクシーが必要だった。

A小学校から少し上がった、終点のバス停までタクシーで乗り付け、そこでいったん集合した。学校へ寄って、懐中電灯や無線機を持ってきたグループがいた。

私たちは五、六人のグループに分かれ、そこから歩いて山の中に入っていった。山の中の細い道を歩いていくこと数十分、池に到達した。そこには木舟があった。しかし子どもたちの姿はなかった。子どもが数人、池で舟に乗って遊んでいるとの目撃談があったのだ。

急な勾配のある山道を、懐中電灯を頼りに歩いて行くのはいささか心細い気はした。しかし、子どもたちの安否を考えると、そんなことを気にしている余裕もなかった。

それぞれできる限り大きな声で「〇〇く〜ん」と児童の名前を呼びながら歩き続けたが、返事はない。

地元の消防団の人たち二十人ほども、この捜索に参加してくれていた。警察もパトカーが数台駆けつけていた。

結局見つからないまま、私たち教師はいったん帰ることになった。待っていてもらったタクシーで、私が家に帰り着いたのは夜中の三時を回っていた。

あくる日、登校した私の耳に、少年たち三人が無事に見つかったとの情報がもたらされた。

彼らは寒さをしのぐため、落ち葉に埋もれて夜明けを待っていたという。そうして朝方ふもとに下りて来たところを、住民に発見されたらしい。

私はこのことを知って、なんと賢い子たちだろうと感心した。六年生の男児二人と、二年生の弟一人の合計三人であった。本当に無事でよかった。

土星は見えたが

Ａ小学校で二度目の三年生を持っている時の夏休み、科学館主催の天文教室が夜の七時から、運動場で開催された。私も興味があったので、参加してみることにした。

講師の科学館の職員Ｃさんは、気さくに話すおじさんといった趣で、子どもたちに夏の夜空に見える星々について、説明をしてくれた。

「皆さん、今日は天文教室へ来てくれてサンキューベンジョ○○○！　～というわけでありまして、夏の大三角形のうち、こと座のベガが織姫、わし座のアルタイルが彦星です。二つの星の間は光の速度で一四年半かかります。あの彦星と織姫は天の川の星々を超えて、一四光年半もの距離を離れているのでございます。光の速度で一四年半もの年月を要する、恐ろしく遠い距離なんですよ。したがって皆さんの夢を壊すようで申し訳ないのですが、彼らは一四年半に一度しか会えないのでございます。それも光と同じ速度で進むロケットに乗ってですよ。ですから彼らが二〇歳だったとして、後の人生では、多くて三、四回しか会えなかったのです……」

運動場の真ん中に、三台の天体望遠鏡が設置されていた。焦点は土星に合わせられていた。順番にそれで土星の輪を観測することになった。保護者と児童合わせて五、六十人はいる。私は後ろの方に並んでいたので、随分待ったが、ようやく順番が巡ってきた。意気込んで望遠鏡をのぞき込んだ。しばらく焦点が合わずもやっとしていたが、講師のCさんが焦点を合わせてくれた。見えた！　土星の輪がくっきりと私の目に映っていた。私は感動した。しかし次の瞬間ふざけ半分に言っていた。

「いやあ土星やから、どうせい言うのかと思っていたけれど、どうせ大したことないと思っていたけれど、めっちゃめちゃおもろいやあ〜りませんか！」

Cさんが返す。

「いや～！　お父さん！　喜んでもらえておじさんは、めっちゃくちゃうれしおます！　ウエーンウエーン、ウェンズデイ、今日は！」。本当に水曜日だった。

私は二九歳で、独身であったにもかかわらず、Cさんには中年のおじさんと映っていたのだった。まあしゃあないわな……。

このおっさん、ほんまにおもろいおっさんや‼　こんなおっさんが、教育を支えとるんや！

私は思った。科学館もなかなかやるもんやなあ。このような人を生かしているのは、懐が深いからやな。

教育に携わる者は、固いだけではいけないという生きた見本やなあ……。

また失恋

A小学校の近くにはA幼稚園があった。若い女性教諭が二〇人くらい在籍していた。私は三年目で、O市教職員組合の分会長という立場になった。どういうわけか力もないのに、二〇代後半の私はとても分不相応の立場にあったとしかいいようがない。

組合はかの有名な日教組の地方組織だった。A小学校分会の分会長が私だった。分会会議はいつも放課後の四時過ぎから小学校の会議室で行ったが、幼稚園との合同会議を催すこともあったので、たまたま幼稚園の遊戯室で行うこともあった。可愛い小さな椅子や机を見て、殺伐とした私たちの心根も、少しはふわっと和んだのだった。

で、私は幼稚園教諭のF教諭に一目惚れとなったわけであるが、案の定独りよがりの恋心。しょせん叶うはずのない恋であった。F教諭はその頃人気絶頂だった女性歌手Iにそっくりだった。中国系のIは、その可愛らしい容姿と澄んだ歌声で人気を博していた。

F教諭は次の年に結婚して退職していった。私は自暴自棄になって酒を飲み倒し、夜になると一人でO市の繁華街に繰り出し、夜な夜な酒浸りになった。しかし私は本当は、失恋なんか慣れっこになっていたので、別にどうということはなかったのだ。ただ三〇になっても、ガールフレンド一人いない自分が不甲斐なかったのは事実だった。

浴衣でスキーを

その年の暮れ、珍しく職員旅行で白馬の方へスキーに行こうということになった。正月二日に夜行列車でO市を発って長野へ。白馬乗鞍温泉スキー場へ研修目的でスキーに行ったのだ。スキーは五年生の冬に体験学習があるのだった。私はまだまだ初心者であった。人に教えるほどの技能を習得していなかった私は、ボーゲンも覚束なくて、何とかしなければならないといった感じではあったが、え～いどうとでもなりやがれ、いざとなりゃぁ口八丁手八丁で、乗りきったろなどと思ってごまかしていた。

その夜例のごとく酔って飲みすぎた私は、案の定次の日の朝起きられなかったのだった。

翌朝、みんながスキーの実習研修に出かけた後、私は重い頭と体を引きずったまま昼近くまで、旅館でグダグダしていた。とその時私は急に思いついた。閃いたのだ。まだ旅館の浴衣を着たままだったことに気付いて、この浴衣のままみんなのところに行ってやろうと。そして浴衣のまま、ボーゲンで帰ってきたら拍手喝采だろうと。本当にあほだった。なんとも情けない、教師の風上にも置けないバカ一代だった。

私は浴衣のまま、その上にスキーウエアを羽織ってスキー板を担いで、リフトでスキー場の上の方を目指した。

誰も私に注目していない。リフトは順調に回転していた。上に着いた私は、しばらく下界を見下ろしていた。

私はいきなり、スキーウエアをその場にかなぐり捨てて滑降しだした。ボーゲンがやっとの私はしかし、その時だけは奇跡ともいうべき運に恵まれ、倒れることなく必死に体勢を立て直しながら、多くのスキーヤーの横を滑降していったのだった。「うん？」「へー」などという反応はあったものの、面と向かって何か言う者はいなかった。と私の学校の男性教師Gがいた。私は手を振り上げ「いやあ、G先生ごきげんよう！」。

Gは、私と知り合いであることを絶対に知られたくないという感じで、私を徹底的に無視した。最終的にたどり着いたところに、五人ほどの私の学校の男女の教師のグループがいた。男性も女性もみんな、私をちらっと見るとすぐに視線を外した。だれも言葉を発しなかった。

旅館に帰ってからも、このことを話す者はだれ一人いなかった。その日の夕刻、どういう経路をたどってきたかは謎であったが、私のスキーウエアが旅館に帰って来ていた。

再び三年生を担任

三年目で再び三年生を持つことになった私は、かなり慣れてきたというか、手抜きを覚えるようになったというか、教師としてどうかと思えるような生活態度だったと思う。

子どもたちは、私に纏《まつ》わりついてくる子とそうでない子がはっきりと分かれた。低学年よろしく私に「だっこして〜」なんて寄ってくる女の子がいて、一度抱っこすると次は当たり前のように、私に抱きついてくるのだった。

今から思うとかなり問題だったと思う。抱っこしてぐるぐる何回転もその場で回ったことがある。一人にするとまた一人がせがんで、行列ができた。

私はその時は、得意満面の笑みを浮かべて子どもたちとそのようにして遊んでいたのだが、他の教師はどう思っていただろう。今の時代なら即変態教師のレッテルを張られ、馘首《かくしゅ》されること必至だろう。

教師は特に小学校の男性教師は、少女愛が多いと何かの本で読んだことがあったが、まさに私のことをそのように思っていた仲間もいたのではないか。しかし私は少女愛ではなかったし、今でもそうではない。好みの女性は豊満な大人の女性であった。今でもそうだ。子どもは好きだが、己の性欲の対象とはなり得ない。

縁談は来たが

教師になって三年、職を得たことで私には多くの縁談が舞い込んで来たのは事実だった。アルバイト時代はただの一度も、そういった話は私の元にはもたらされなかった。新採の時には写真を見る限りはかなりの美人がお見合いの候補となって、私の元に話が来た。実際にお見合いとなったこともあるが、私が良いと思った相手は、残念ながら私のことを気に入らなかったことが多かったし、私自身があまり気に入らない態度をとった相手からは、お付き合いしても良いという返事をもらったこともあった。

ドライブ途中、相手から年を聞かれ、三〇になった旨伝えると、相手はがっかりした感じで、

「このお話はなかったことにしてください」

といきなり私に向かって言い放つと、私の運転する車の助手席からそのまま降りて、さよならしていった。

ある時は、駅で待ち合わせをしていたのだが、三十分たっても相手が来ないので、おかしいなあと思いつつ、ひょっとして反対側の駅のホームの構内だったかと思いそこへ行くと、それらしき女性が付近をキョロキョロと見回しているのに遭遇した。

お互いにずれていたお笑いのような顚末《てんまつ》だったが、笑い合うどころか相手の女性はえらくご立腹の様子で、私の方を一目見てから「失礼します」と言い、振り向くことなくその場を去っていったのだった。結局縁がなかったのである。

私も容姿から見ると、褒められたもんでないのは自覚しているつもりだったが、写真と実物のあまりに違った女性は確かにいた。どうすればあの顔がこの顔になるのかがまったく理解できないような、謎の一葉の写真があった。

私に春が訪れるのは、この頃からまだまだ年月を経て、三〇代半ばになってからのことである。

A小学校からB小学校へ　運転免許証も取得

新採三年目にしてふたたび三年生をもった私は、一度とった杵柄という感じで、かなりリラックスして、日々の仕事をエンジョイしていたというべきだろう。

それから私は四年生・五年生・六年生と受けもってこのA小学校を終え、この間に運転免許証を取得した。学校帰りに教習所に通い詰め、一度仮免許に失敗し、そのあと何とか取ることができた。次にO市立B小学校に異動したのだった。

そこでも私は、最初にまた三年生の担任となった。

子どもたちは元気いっぱいで、ともかく明るかった。私も暗い方ではなかったが、子どもたちはいつも元気いっぱいだった。

朝、私を待っていてくれた子どもたち

三年生はともかくじっとしていない。いつも動き回っている。五月の連休明けになると私は驚くべき光景に出くわすこととなった。

ひと月間遊びまくった私はそろそろ学習の方にも力を入れないと、それこそ保護者の皆様に申し訳が立たなくなるのではと思っていた。

連休明け頃だったろうか。朝私の自慢のブルーのホンダのシティターボで校門を通り過ぎ、玄関に到着した私を待っていたのは、大人数のわが学級の児童二〇人あまりであった。

私が玄関前に差しかかると、みんなが一斉に手を振って私を迎えてくれたのだった。私は何か夢を見ているかのようで、まさかみんなが私を迎えてくれているとは思わなかったので、何か事件でも起こったのかと思った。すぐに車を駐車場の指定の場所に入れて、私は子どもたちの方に走っていった。

「何かあったのか？」

私は緊張し声を張り上げて聞いた。

「ううん、先生待ってただけや」

私はえっというとともに、思わずその場にへたり込んだのを覚えている。しかしそのあと、どういうわけか誰かが拍手をし出して、それが伝染していって大きな拍手になった。

私はわけが分からなくてしばらくぽかんとしていたが、そのうち子どもの方から靴を履き替え運動場の方へ歩きだした。私もそのまま運動場へ行き、いつもの「てんだい」をしだしたのだった。

私の教員生活でこのように迎えてくれたのは、このB小学校の子どもたちが初めてだった。

後の教員生活を通しても、このように私を迎えてくれたのは、このB小学校の三年生の児童たちだけだった。言ってみれば、私が最も輝いていた頃の一種の武勇伝だ。

私は一教師として最も輝いていたのはいつの頃かと問われれば、記憶のビデオカメラには、確かにこの頃の、元気いっぱいの子どもたちと一緒に遊んでいた、若き日の自分の姿が映し出されることだろう。

一年生の転校生　美晴

Ｂ小学校で三年目に、私は生徒指導主任を拝命し、子どもたちの指導に当たった。初夏の頃だったろう。私は校務分掌では転出入の係もやっていた。転入ですという声で私の出番だ。校長室にその母子はいた。まだ娘のように若い母親がソファに腰かけ、その横で幼い女の子が足をぶらぶらさせていた。校長が言う。

「あっ前田先生、こちらが今度私どもの学校に転入される会田さんです」

「会田です。こちらは長女の美晴です。何も分かりませんので、よろしくお願いします」

一年生の担任のＺ教諭も同席していた。一年生の学年主任でもあるＺ教諭は、目鼻立ちのくっきりとした美人タイプの四〇代の女性だった。私は転入届等必要書類を母親に渡して説明を始めたが、理解しているのかどうか怪しいくらいに無反応だった。

後ほどZ教諭と話していく中で、どうやら母親は理解に時間がかかりそうだということと、美晴はいわゆる戸籍のない児童だということを知らされた。

美晴は幼さをもろに残した女の子で、学力も低かった。言葉遣いも幼く、赤ちゃん言葉も混じった単語を発することもあった。

ある時、私は職員室のZ教諭の席近くの椅子にすわった美晴に向かって話していた。

「みはるちゃん、きょうはどうしたの？」

「先生がちょくいんしつ来るようにって」

「そうなの」

「あんな、みはるな給食の時ケーキ落としてしもたん」

その日は母の日が近い、ケーキの付く特別な日だった。

「そうか。分かった。先生の分あげるよ」

私はケーキの袋を美晴に差し出した。

「食べていい？」

「いいよ」

やったーと声を上げ美晴がうれしそうに食べだしたとき、Z教諭が職員室に戻ってきた。手にケーキを持って。

「あっ前田先生、それはどなたの」

「ええ、僕のですが。いいんですよ」

「給食室のおばさんに余ったケーキを今分けてもらってきたんです。これをどうぞ」

「そうですか。それじゃ、遠慮なく」

私はケーキを受け取ると、自分の机上にいったん置いた。担任のZ教諭はそのまま教室に行った。

美晴もケーキを食べ終えると、後を追うように出ていこうとした。私は呼び止め
「これもみはるちゃんにあげるよ。おうちに持って帰って食べなさい」

美晴はぽかんとしつつも、手を差し出して受け取ると走り去った。

私は感傷的な気分になっていた。こんなことはしてはいけないと、心では思ってはいたのだが……。

その年の夏休み前に美晴は、北陸の方の学校に転校していった。わずか二カ月ほどの在籍であった。

私は今でも、美晴の幼い顔を思い浮かべると切なくなってしまうのだ。今は四〇代半ばくらいか。どうか元気で生きていてくれよ。

ちょっとした事件

生徒指導では、すぐお隣のB中学校の生徒指導部の教師とも知り合いになった。土曜日の昼からはその中学校の生徒指導のO教諭とL教諭、それに地域のWさんと私とで地域内のパトロールに出かけることが常となった。まだ週休二日制ではなく土曜日は半ドンだった頃だ。おまけに夜のパトロールなどということがあった。夏休みに入る前のある時、職員の一学期の打ち上げの夜とそのパトロールが重なり、私はパトロールの方へ行かねばならなかったことがある。まあ、一回くらい休んだって何の影響もないだろうとは思ったが、地域の大事な行事には違いなかったので、パトロールの方に参加したのだ。酒好きの私が欠席した珍しい打ち上げだった。

夏休み明けの九月のある時、小中連携の生徒指導部会でB中学校に行った時だ。私と私の同僚の生徒指導部会に属する女性教師F教諭が、駐車場で車を降りて校舎に向かった時だった。そのB中学校の生徒だった田島律夫が突然私たちの方へ走り寄ってきた。

律夫の父親は、地元O市でも有名な暴力団の組長であった。

そして律夫はF教諭に向かって吠えた。

「このブスのへちゃむくれが、ようも言うてくれたな」とその声が終わらないうちに「バシッ」という音がした。突然、F教諭が律夫のほっぺたをたたいたのだ。律夫はその場に倒れた。目にもとまらぬ早業とはあのようなことを言うのだろう、たたかれた律夫は呆然としてほっぺを押さえながらも立ち上がり、F教諭に殴りかかろうとする。

現場に居合わせた私は、慌てて後ろから律夫を羽交い絞めにした。背は低めとはいえ、中学3年生ともなれば力もある。律夫は鼻息荒く私の腕を払いにかかる。私はそのまま、律夫の後ろから離れず、両足を引きずったままで数メートルずるずるっと進む。とこのとき、B中学の先生方三人が私と律夫のところに駆けつけた。即座に律夫と私を引き離し、先生方と律夫は校舎内に消えた。瞬く間の出来事だった。

半年後の春、卒業式も間近に迫り何かの用事でB中学校に行った時、車を降りようとする私をつかまえて律夫が言った。

「先生あの時はご免。あの女の先生にも、僕が謝っていたと伝えておいてくれませんか……」

Ｆ教諭には自分の口から言えばと思ったが、私は両の手で円を作って、ＯＫと答えておいた。もちろんあの時に中学校では、律夫にお灸をすえて、私とＦ教諭に謝罪文を書かせていたのだが、直接謝罪された私は納得であった。

その春、律夫は卒業していった。その後大人になった律夫が組長を引き継いだかどうかは、私は知らない。

結婚できたぞ！

このＢ小学校に勤めていた時に、従弟の嫁から私に縁談が持ち込まれた。格式張ったお見合いの席ではなく、気軽に会って話ができるようにとの配慮で、Ｏ浜市の喫茶店で会うことになった。

Ｏ浜市の喫茶店で待ち合わせ、従弟の嫁さんは何か理由をつけてその場を後にした。お相手のＫ子は一目見て可愛かった。背は低く髪はショートカットだったが、ふくよかなほっぺをしていた。とっても優しい雰囲気で何となく話しやすい感じだった。

何度目かのデートのあと、O浜市の実家にお邪魔し、ご両親にお会いした。実家はお寺であった。父親は住職であるとともに、隣町の中学校の国語の教師でもあったが、数年前に退職していた。母親も元小学校教師で前年に退職したばかりだった。精悍《せいかん》な面構えの初老の紳士であった父親は、私と二人きりになると語りかけたのだった。「前田さん、娘はどうやらあんたのこと気に入ったようです。あんたは娘のことどう思っていますのかな?」

私は即座に答えた。「結婚を前提にお付き合いさせてください」と。

三〇半ばにして、うまくいくときはうまくいくものだということを初めて知った私は、帰宅して母にこのことを報告した。

母はにっこりした。数年ぶりの母の笑顔であった。父はこの数年前に胃がんで亡くなっていた。

結婚式の時、私の友人代表としてYがスピーチの最後に言った言葉が印象に残った。Yは、かつて私が失恋したA美の兄である。

「～というわけでありまして、何が一番良かったかといって、最後まであきらめなかったのが良かった！

あきらめなかったのが。野球でいえば、〇対三で負けている時の九回裏ツーアウト満塁、バッターは今日四打席四三振のわれらがマエダ！　ピッチャー投げた！　バッター打った！　おおきいぞ、おおきいぞ！

入った！　ホームラン！　マエダが打ちました。マエダ逆転満塁さよ、おっと失礼、満塁ホームランです！

われらが前田が今日のヒーローです」

危うく結婚式には禁句の「さよなら」を言いかけて踏みとどまったYは、苦笑いをしつつスピーチを閉じた。彼は法曹関係の仕事をしていた。忙しい中を、私の結婚式に駆けつけてくれたのだった。披露宴会場に拍手の嵐が湧き起こった。

妻のことを少し紹介しておくと、私より五歳年下の小柄な色白美人だ。O浜市のY高校を卒業後、O市の服装関係のデザイン専門スクールを出て後、茶道裏S家の家元の下で茶の修業を積み、O市でのOL生活を経て地元に帰り、家事手伝いの時に私と出会ったのだった。

私の妻K子は、その時三〇歳で私は三六歳だった。

新婚旅行は、その当時ハワイを追い抜き、人気ナンバーワンだったオーストラリアに行った。後にK子がコアラを抱っこしている写真を見て、私は一瞬双子かなとも思ったものだ。K子は料理が得意で、結婚三七年たつ今までも、毎日手料理を食べさせてくれている。かけがえのないパートナーだ。私が退職したあとも信用金庫に職を得て、今も働いている。

ということで三〇代半ばで妻に恵まれた私は、ようやく人並みの教師になる資格を得たように思ったのだが、まだまだ教師としては未熟であった。

妻を得た私は、意気揚々と子どもたちとともに大いに遊び、学習にも邁進していったつもりだった。そんなときだった。あの事件が起こったのは。

スペースシャトル真っ二つに

Ｂ小学校で三年目にまた三年生を持っていた頃、楽焼きという焼き物を作ったことがあった。素焼きの器に絵付けをする焼き物であるが、子どもたちには自由に絵付けができるということで、かなり人気のある焼き物であった。粘土をこねて茶碗などを作って、それを素焼きして絵付けをする。その上でそれを本焼きするという工程を経て、作品になるわけだ。絵の具の色がそのまま作品に反映するという点で、かなりきれいな印象の作品にでき上がる。

私は子どもたちとともに作品作りに励んだ。今まで信楽焼等かなりの数を作ってきた経験があり、私は一人当たりの粘土の量の二倍くらい粘土を使って、少し大きめの作品を完成させたのだった。

それがスペースシャトルだった。完成したスペースシャトルを学級の教卓に置いて飾っていたのだが、ある朝職員朝礼を終えて教室に来てみると、シャトルの機体が真っ二つに割れていた。私は驚いた。

「な、なんや？　なんでこんなことになったんや？」

誰も声を出さない。

「誰か知ってるもんいいひんか？」

しーんと静まり返った教室。私は追及することをやめて

「は〜い日直さん、朝の挨拶」

腹が立っていた。誰が壊したんや。わざとやったんか？　それともはずみの事故だったのか。

放課後、私はもやもやした気分を抑えることができないまま気を紛らすように、職員室で漢字小テストの丸付けをしていた。

その時職員室のドアが開き、二人の女子児童、山根富士子と朝倉美奈子が私の前

にやって来た。二人は同時に頭を下げた。富士子が言った。

「持って遊んでいたら落としてしもて」

そして泣いた。私は「いいよいいよ、どうせまた来年作るからな」

美奈子が続いて言った。

「くっつけようとしたけど、うまくいかんで」

私は「そうかそうか、でもいいよいいよ、よう言うて来てくれたなあ」

私は誰も言わないまま終わってもいいかと思っていたが、よう言うて来てくれたと感心していた。私は二人が泣きやむまで待った。そして二人に言った。

「みんなは知ってるのか？」

「朝二人だけでいるときやったから……」

「そうか、まあみんなには言わんでもいいよ」

「でも……」

あくる日朝の会で私は、学級のみんなに言った。

「昨日先生の作ったスペースシャトルが、爆発を起こして壊れてしもた。その事故を起こしたという人が申し出てきたんだが、先生にも責任があると思った。というのは、粘土を君たちの倍も使って大きく重い機体になっていたから、落ちて壊れたんや。これからは、君たちと同じ分量の粘土で作ることにするよ。だからもうこの話はおしまいや」

昼休み、久しぶりに「てんだい」をしていたら、富士子と美奈子が加わってきた。二人ともキャッキャッと笑っていた。

娘誕生

その年に、私には大きな出来事が起こった。

九月に子どもが生まれたのだ。女の子であった。

妻がO浜市の病院で産んだ。予定日よりもひと月早く生まれたので、二四〇〇グラムの未熟児であったが、一日だけ保育器に入っていた。あとはすくすく育ちその年の十二月には、母子ともに元気に私の元に帰ってきた。私は神様や仏様に感謝した。

その後、未熟児であった娘が成人して、一六五センチくらいある立派な体の持ち主となった。

娘は小学校時代は、その長身を生かしてスポーツ少年団のバスケットボールクラブに所属し、活躍していた。応援に行った私が、どうもにぎやかなめちゃくちゃな応援をしたようでその後は娘は、私が応援に行くことを拒否した。私は出入り禁止の身となったのだ。妻はその後も応援に行っていた。

後には、私と同じ県立高校を経て、国立のC大学を卒業した。その時の同級生のT君と結婚し、二〇二四年現在に至っている。可愛い孫娘二人がいる。

娘は、私よりかなり優れた頭脳の持ち主だ。ひいき目に見ても、才色兼備だといえよう。親ばかにもほどがある。

放課後の勝手に作って勝手に食べる会

B小学校の時、土曜日の放課後を利用して、料理の堪能な先生が講師となって、料理教室を開いていた時期があった。『勝手に作って勝手に食べる会』と銘打って有志を募って開催した。まだ週休二日制ではなく、土曜日は半ドンであった。その暇な？　土曜の昼からを利用して、有志が集まって家庭科室で料理をするのである。四、五人のグループに分かれて作るのだが、和気あいあいとした楽しいひと時だった。今となっては何を作ったのか味はどうだったのか等、ほとんど記憶にないのだが、なんとなくウキウキ楽しかったし、笑いが絶えなかったように思う。

味で思い出したが、一度カレーライスを作った時のことだ。講師の指導通りにして、私たちのグループででき上がったカレーを私が試食したところ、恐ろしく辛かった。思わず「ヒエー！」と口から悲鳴が漏れ出た。私だけだろうかと思って周りを見回してみると、数人が口を押さえ、家庭科室を出て行こうとしていたのが見られた。どうやら洗面所に駆けつけるようだ。

講師の男性W教諭はというと、涼しい顔をして自らの作ったカレーを口に入れ、さも満足そうに咀嚼《そしゃく》していたものだ。私は、前日の給食の牛乳の残りが冷蔵庫に保存されているのを思い出し、それを取ってきた。そしておもむろにふたを開けると、それをカレーにかけていった。瓶の半分ほどをかけると、カレーを口に入れてみた。食べられないことはなかった。数人がまねしだした。料理教室はつつがなく進行し終了したのだった。

校内水族館

先ほど登場した料理教室のW教諭は、私より五歳下の後輩であったが、彼も途中から教師になった人で、いろいろな方面で多才な人であった。カメラの腕も確かで、私の結婚式ではカメラマンとして活躍してくれた。私の結婚の報告会をB小学校で行った時、彼は彼の撮った写真をもとにして作ったスライドを映写してくれた。私たちの結婚式のスライドショーが実施されたのだ。私は、恥ずかしさ半分得意さ半分の境地だったが、うれしく思ったのは本音であった。

W教諭は、当時まだ出たてのパソコンやワープロにも堪能で、機器に造詣が深かった。

その彼が校内の廊下に水族館を作ったのだった。

二階の廊下には、多くの水槽が設置されていた。水槽にはアユやフナ、コイ、モロコ等が飼育されていた。

W教諭は時間を作っては、頻繁に水替えをしていた。友人である私はというと、一度か二度手伝ったきりだった。こと水族館に関しては、私は彼にとっては随分と水くさい友人だったのだ。W教諭はいつも放課後、ジャージ姿で長靴を履き、水槽にホースを入れて掃除をしていた。

校内水族館は児童に大人気だった。低学年の教師たちは、休み時間が終わっても帰ってこない児童を、教室に連れて帰るのに難儀していた。

「もう国語の時間でしょ。ええかげんにしいや！」

「もうちょっと。ほらあのお魚、先生に似てるよ」

「どこが似てるのよ？」

「がばっとお口が大きいとこ」

「失礼しちゃうわね！　さっさと教室に行くのよ。ほら、しっしー！」

「しっし言わんといて！　僕は犬やないよ！」

「幸太君、犬やなかったら、あなたはお魚ね！」

多くの淡水魚の中でもひときわ目を引いたのが、ビワコオオナマズだった。特大の水槽で飼われていた。

どこから調達してきたのかはいまだに謎であるが、悠々と水槽の底に巨体を横たえつつ、いつも寝ているようではあったが、大きな存在感を示していた。

W教諭は後に、パソコン関係に詳しいことからG県の大学に呼ばれ、大学の先生となった。

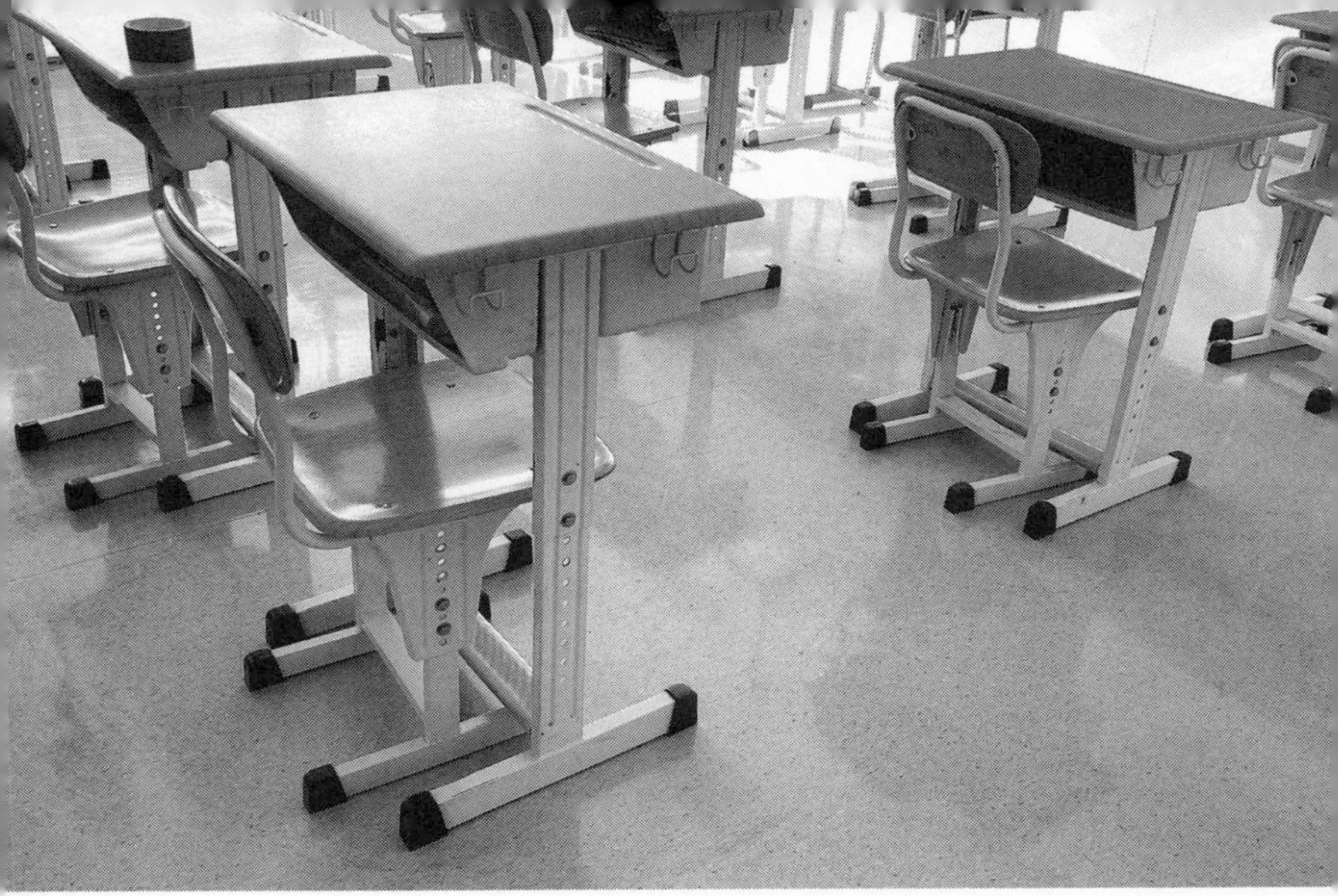

平成の中堅教師として

妻と娘を見捨てる？

一九八八年の年末、法曹関係の仕事に就いていた友人Yが、休暇で奥さんの実家のあるK市に帰ってきたので、一杯飲もうということになった。当時インフルエンザが流行っていた。妻と一歳の娘がかかった。二人とも症状は軽く回復に向かってはいた。私は大いに迷った。そうしてYと飲むことを選んだ。病気の妻と娘を家に残したまま、私はK市に飲みに行ったのだった。

その後数年間は、事あるごとに妻から「あの時あんたは、私たちを見捨ててYさんと遊びに行ったやんか」と言われ続けたのだった。

私は今でも深く反省している……。そして決心したのだった。家族が病気になったら、家から決して離れてはならないと……。

学級担任と生徒指導主任を兼務

B小学校でその後私は、学級担任を離れてフリーになり、生徒指導主任として子どもたちを見守っていた。教科は主に中学年の体育と図工を担当した。

複数の学級の間を行き来するのには慣れたが、最初の頃はよく違う学級に入って行き、子どもたちに笑われたことは一度や二度ではなかった。

フリーを二年体験してからO市内のC小学校に転勤になった私は、そこでも三年生の担任となった。中学年専科などと、陰で私のことを揶揄《やゆ》する者もいたようだ。学級担任を持ちながら生徒指導主任も兼務となり、かなり忙しい毎日を過ごしていた。

長男誕生

一九八九年、昭和天皇が崩御された。

昭和が終わり平成となった。この年の一〇月に長男が生まれた。三三〇〇グラムあって、すやすやと寝入っていた。長男の顔を最初に見たのは私であった。この頃から、父親も出産に立ち会うことができたのだ。

初めは、赤ん坊なので当然ながら顔は赤く、お猿さんに似ていたが、次第にすっとした顔になっていき、大人になった今では、かなりの二枚目といえる。誰に似たのだろう？　私でないことは確かであるが。

そういえば、義父の父親はものすごく男前だったと聞いている。以前写真で見かけたことがあるが、住職で頭は丸めていたが、確かに男前だった。往年の大スター、アラン・ドロンや市川雷蔵にも、けっして引けをとらないくらいの。

息子は曾祖父の血を引いていたのだ！

親ばかチャンリンコ！

不審者騒動

そんな時に地域に不審者が現れるという噂が流れた。私は放課後地域を見回った。生徒指導部の教師たち数人で、地域を見回ること数週間、不審者に出会うことはなかったが、噂は絶えることなく、パトロールをやめることはできなかった。

そんな時にA新聞の記者を名乗る若い男性が学校を訪れた。校長室に通されたその新聞記者D氏は、まず校長に話を聞いた。挨拶程度で話を済ませた校長は、生徒指導主任の私に状況を説明するように命じた。

D氏は私を見るなり開口一番、

「このままではこのC学校区が大変なことになりますよ。何とかしないといけませんよ」

私はなんだかよそ事のように感じていたことは否めず、そんなに差し迫った危惧の念を抱いてはいなかった。しかしもし子どもたちが被害に遭うようなことがあってはならないのはもちろん、一日も早くその不審者を捕らえなければならないのでは、と思うようになった。私はD氏に言った。

「ともかく私どもの学校としては、子どもたちの安全を第一に、地域の方々と協力して、登下校の見守りと放課後のパトロールを徹底して続けてまいります」

「新聞社としても、このまま看過できませんので、このことを記事にさせていただこうと思っています」

あくる日のA新聞の地方版には、大きな見出しが躍っていた。

「O市のC学区に不安広がる　児童に迫る不審者の暗いかげ」

「C小学校の生徒指導担当のM教諭によると、ここひと月あまり、放課後のパトロール等を続けているがいまだ不審者を特定するに至らず云々」

それからしばらくして、不審者情報は途絶えた。

校長によると、C学区のA町でお一人、精神を病んだ初老の男性の方がおられるようで、その方が独り言を発しつつ歩いているところを目撃され、噂が広がったようです、とのことだった。

私はなんとも言えない気持ちになった。A新聞がまったく的外れのことを書いたというわけではないが、何とも後味の悪い感じになった。D氏の側からすると、ペンの力によって地域の安全が守られたということも言えないことはないが、実際はそうとも言えないような……。

私はこのことがあって以降、マスコミ報道をまるっきり信用できないということではないが、そのまま鵜呑みにするのは、どうかと思うようになった。

邪《よこしま》な恋心…

次の年の夏に淡路島の方へ職員旅行に行った。私は三九歳になり、参加者は私より年下の若い教員が多かった。その中でもその年に転勤してきた女性教師のＪは、五年生の学年を預かる同僚であった。私が学年主任であった。その職員旅行ではちょっとしたアクシデントがあった。

小豆島へ行った時、乗ったバスのエンジンから途中で白い煙が噴き出し、突然エンストを起こしたのだった。幸い火柱もたたず爆発等もおこらないで大事には至らなかった。その後私たちはバス会社が手配した代わりのタクシーで宿まで行ったのだが、その後しばらくは、笑い話の種には事欠かなかったのだった。

ボンネットから白い煙が噴き出すバスの前で、若い職員二〇人余りが笑顔でポーズをとっている。Ｊと私はどういうわけか肩をくみ合っていた。

その時から私は、Ｊに対して好意を抱いていたようだ。Ｊは結婚していた。私も結婚していた。二人とも結婚したばかりだったのだ。Ｊは音楽が堪能で子どもたちにも人気があった。私は音楽がだめで、Ｊに音楽を持ってもらい、Ｊの学級の体育を持っていた。

Ｊは魅力的な女性だった。私の好みに合った小柄でふくよかな体つきで、性格も温厚で優しかった。顔立ちは私の理想で、目がくりっと大きく、ほっぺがふっくら赤みを帯び、髪がさらっとして清潔感があった。

職員旅行以来私はＪのことが頭から離れず、常に彼女のことが気にかかっていた。もちろん私は妻のことが大好きで子どもも生まれたばかり、こんな状態で不倫など思いも及ばぬことではあった。

不倫などではない。私は妻を好きだし、娘を心から愛していた。それでもＪのことは頭から離れなかったのだ。これは恋なのか？　でもたとえ恋だとしても一方的なものだし、放っておくしかないだろう、とも思っていた。Ｊは私のことなど思ってはいないと確信していたから……。

そんな時だった。Ｃ小学校に代わってから最大の難事が勃発した。私はその時どういうわけか、またまた組合の分会長になっていた。

日の丸・君が代問題

分会長とは組合の学校単位の責任者のような立場であった。その頃は組合も日本社会党系と日本共産党系の組織があって、私の所属は日本社会党系だった。まだ日本社会党が力を発揮していた時代で、私たち各学校の分会員もやりがいがあった時代であった。

賃金確定交渉というのが、組合の執行委員長と県のお偉いさんとの間で例年一一月半ばに行われたが、その交渉のカギを握っていたのは、日本社会党や日本共産党や民主社会党等の勢力図の勢いであった。組合が強かった頃は賃金確定交渉も波乱含みであった。

私も分会長として何度も参加したが、バブル時の交渉では、一時金つまりボーナスプラス、上がった賃金の差額分、何十万円が加算される結果になった。つまりボーナス五十万円に対して、差額分何十万円が余計に支払われたということだ。

その後、バブル崩壊後は二度とそのようなことはなかったが、私の在職中、ボーナス以外にボーナスに近いくらいの額を一時金としてもらえたのは、確かに一度だけあったことだ。

時代はバブルの崩壊前で、私の懐具合も今よりはるかに良かった。ボーナスや差額で潤った小遣いを持って、私は趣味のブリキの玩具を買いに、大阪の玩具博覧会に行った。一台数万円もするブリキのロボットを買った。飲み会にもよく行った。

そんな時、教育現場で日の丸・君が代闘争といったことがあった。

学校にはさまざまな儀式があるが、その中でも卒業式は大きな行事だ。その時に、日の丸掲揚と君が代斉唱に反対の意思を表明するため、国旗掲揚・国歌斉唱となったときに、我々組合員は起立せず、君が代斉唱もしないといった闘争だった。

『君が代』の君とは天皇を指すものであり、この民主主義の時代の「君」は、日本国民を指すものだという解釈も大手を振っていたようだが、我々組合員はそれに首肯することはなかった。

日の丸については、これ以上シンプルで日本をあらわす旗はないようにも個人的には思っていたが、学校行事の時は、学校の校旗だけでいいように思っていた。君が代より『さくらさくら』の方が国歌にふさわしいのではないかと、思っていた。

そんな時、卒業式の練習がたけなわになってきた頃、校長から私に申し渡しがあった。ここ数年組合と校長で話し合った結果、式には国歌も国旗もなく、校歌と校旗のみで行うことが慣例となっていたのが、今年度から国歌も国旗も登場させる旨知らせてきたのだ。

私は校長室に直行し、校長に言った。

「校長先生、いったいどうしたんですか？　急に日の丸や君が代だなんて……」

「教育長からのきついお達しが出たんや。どこの学校も国旗掲揚・国歌斉唱はセットで実施や。これに背いたら処罰や」

後に一九九八年だったか、東京の高校の校長が板挟みになって自殺をした事実がある。また後には、君が代伴奏拒否訴訟や国歌斉唱拒否等に関する訴訟では、最高裁判所は、我々組合側には不利な判決を出している。今では国歌斉唱も日の丸掲揚も常態化している。

この時はどうなったかというと、連日の校長交渉でC小学校独自に、一応日の丸を校旗と対になるように檀上の左右に置き、君が代も校歌に続けて歌うということになったが、急には歌えないので演奏テープを流すということになった。私の魂胆は丸見えだったが校長は異を唱えなかったので、一応成功したと思った。

私は個人的には、国を愛する気持ちというのは決して否定されるものではないと思うが、強制によって愛国心など育つはずがないと思っている。今でもその思いは変わっていない。

職員旅行で

二人目の男の子が生まれ、その子も三歳になった頃、私はまだC小学校にいた。

夏休みに入った直後に、職員旅行を実施するのが習わしのようになっていた。その時も七月の二〇日過ぎぐらいに一泊二日でT県の方へ、観光列車に乗りに行くことになった。

上の女の子が五つで、下の男の子が三つ。二人を一緒に連れて行った。新採の女性教師Rが、下の子の面倒をよく見てくれた。上の子は、同僚で四〇代の六年の学年主任の女性教師N教諭が連れてきた小学校三年の娘さん、恵理子ちゃんと仲良くしてもらっていた。というわけで私は己の子どもたちは他人に任せ、密かに一方的に思いを寄せていたJと行動を共にしていた次第だ。

観光列車を降り、かなり急な山道を歩いている際、Jがずるっと滑った。私はJに私の肩を持って歩くように促し、肩を貸した。Jは一瞬躊躇《ちゅうちょ》したが、右の手を私の肩に乗せて歩きだした。そうして数十メートル歩いて平たんな道に出たところで、Jは私の肩から手を離した。私はその数十秒間、肩についたJの手の感触を忘れることができない。恥ずかしいが、あたたかな思い出でもある。その時妻のことは頭になかった。後ほど妻を思い、少しだけ後ろめたい気持ちにはなったが、あまり深くは考えない性格のため、すぐに忘れてしまった。

義父の死と七五三

上の子が満六歳、下の子が満四歳になったとき、妻の父親が亡くなった。私にとってはとてもいい義父だった。いつも笑顔で接してくれ、私がO浜市の寺に行くと歓待してくれた。私の好きな赤いかの刺し身を山盛り用意してくれた。お祭りの日、近所の神輿の待機所で笑っていた義父。私の息子を膝に乗せ微笑んでいる義父は、正に住職であり仏様の化身のようにも思えた。それが、私が見た義父の最後の姿だった。

その日から程ない某日の朝方、妻に電話がかかってきた。義父の死を知らせる電話だった。

そういったことがあって、数えの七歳と五歳になった我が子たちの七五三は、神社を避け、寺で行うことになった。十月某日、O市のI寺で行った。今も残るその時私が撮った写真には、凛とした表情の女の子の横顔と、母親に甘えてその胸に寄りかかって眠る男の子が写っているのだ。母親は淡いピンクの和服であった。妻も若くてきれいだった……。

教頭試験、もちろん不合格

こうして私の教員生活も四十代半ばにさしかかり、後半期となった。子どもたちも、小学生から中学生・高校生となっていった。この間私も一応出世のことも思い、教頭試験を受けたことがあった。結果はもちろん不合格であった。私は人の上に立つ人間ではないと自覚したのだった。

さまざまな校長に出会ってきた。良い校長もいた。普通の校長もいた。悪い校長もいた。

私の一方的な印象だが、私にとって良い校長というのは、常に教員のことを気遣い、教育委員会の言うことをそのままは伝達しない人だった。保護者にも毅然とした態度で、自分や学校の考えを話す人だった。

悪い校長というのはその逆で、教育委員会の言うがままで、保護者にも相手によって対応がまちまちで、地域の有力者には笑顔で接し、自分の考えを言うことはあまりない。子どもたちともあまり接することなく、授業にも出たがらない人だった。

N校長のこと

今も私の心に残る校長がいる。B小学校の時のN校長は、私が三年生を持っていてそのクラスの児童、花木はじめのことで家庭訪問をすることになった時、自分も一緒に行く旨を私に述べた。私はえっと思ったが、校長に同行してもらった。

はじめは成績は悪くはなかったが、忘れ物が極端に多い児童だった。はじめは、母子家庭の子どもだった。私ははじめの母親に、彼の忘れ物の多いことについて、何とか方策はないものかと相談に行ったのだ。母親は近くのガソリンスタンドで働いていた。校長先生だと紹介すると、母親は恐縮するように、

「校長先生までいらっしゃって、いったい何のご用でしょうか?」

とその時突然、N校長がはじめの母親に頭を下げて言ったのだった。

「お母さん、お願いがあります。どうかはじめ君に毎日、朝ごはんを食べさせてあげてください。忙しい時には、アンパン一つでも結構ですので」

母親は一瞬キョトンとしたがやがて、

「ハイ校長先生、分かりました!」

N校長は、はじめが毎朝お腹をすかしていたことを知っていたのだった。私もはじめが給食を人の倍は食べていた場面に出くわしたことがあって、そのことをN校

長にも話していた。

その後、たまたま車のガソリンを入れに学校近くのガソリンスタンドによると、はじめの母親が出て来てガソリンを入れてくれた。そして「先生、サービスや。車洗っとくわ」

洗車までしてくれた。私は母親の好意を甘んじて受けることにした。洗車はこの時一回きりと思っていたが、その後数回、母親の好意の洗車を受けることになった。はじめはその後学級にも馴染み、特に問題なく進級していった。

いまだに謎の不可思議な出来事

保護者とのことで思い出した。新採で赴任したA小学校で、二年目に五年生を担任していた頃、かなり個性的な人物B氏に出会った。B氏は当時鉄道会社の社員であった。PTAの役員もしていてかなり活発な印象があった。ところがその子どもの純樹はというと、私のクラスのなかでも一、二を争うくらいおっとりとした性格で、何事にも懸命に取り組もうとする姿勢があまり見られなかった。言ってみれば動作も機敏性に欠け、言動も何が言いたいのかが判然としないことが多かった。

ある日、朝の会が終わって、純樹が私の前に茶封筒を差し出してきた。私はそれを受け取ると中身をあらためようと封筒を開けた。中には何も入っていなかった。私はその場で純樹に「この封筒中身ないけどどうしたん？」と聞いたが、例のごとく口をふにゃふにゃとさせ要領を得ない。

放課後Ｂ氏から電話が学校にかかってきて、私を電話に出せと言ってきた。

「もしもし前田ですが」

「何してくれるんや！　あいつに持たしたんや。昨日一日かかって書いたＰＴＡの原稿や。それを失ったてか？　何してくれるんや！」

「すみません、しかし朝私が預かったときには、封筒の中は空っぽでしたんや」

「そんなはずない！　確かに入れたわ！」

結局もう一度書いていただくようにお願いして、あくる日B氏本人が届けに来てくれた。

「二回も書いたん初めてや！　ええ加減にしてくれよ！」

「すみません！」

私は恐縮して、ただひたすらに謝り続けた。

私はしかし思っていた。私を疑う前に、自分の息子を疑えよ、と。きっと途中で何らかの原因で、純樹が中身を落としたに違いないと。今にして思えば、もっと純樹を追及したらよかったとも思う。しかし、今さら事の真相を知ったとて何の足しにもならないし、それこそ、もはや事件は時効だ。たとえ純樹がなくしたにせよどうなるものでもない。B氏にとっては、私が永久に悪者であることに変わりはないのだ。

空っぽの封筒の謎はいまだに解けないままだ。

遠足で迷子

Ｃ小学校には九年いた。随分長くいたものだ。その間、保護者の方々にはいろいろとお世話になった。

何度目かの三年生を担任していた時、元気なおてんばといってもいい女の子、京子がいた。その京子の母親はＰＴＡの役員をしていたが、教師と保護者との間に溝を作ってはいけないという考えを、常に言い続けていた。そこで教師と保護者間も親睦を深める必要があるとの持論を展開し、六月のある日曜日、保護者を募って担任との合同遠足を実施したのだった。私の家族四人と保護者の家族五、六組総勢二〇人くらいで、地域に隣接する公園までピクニックを兼ねて出かけた。

私の息子は四つ、長女は幼稚園の年長だったように記憶している。妻に弁当をこしらえてもらい、それなりに楽しい遠足となった。お昼を食べてゆっくりしていた時、写真を撮ろうとしてみんなに集まってもらったところ、保護者のＥさんの三つの息子さんの姿が見えないという。これは大変とみんなで近くを探し回ったのだが、なかなか見つからない。

結局一時間くらいしてから、地域の年配の女性の方がその子を連れてきてくれたのだった。どうやら一人でふらふら歩きだし、道が分からなくなって農道に座っていたそうだ。そこを畑仕事の地域の方が目にとめたという。

私たちは全員、ほっと胸をなで下ろしたのだった。

ボランティアとして

一九九五年一月一七日の早朝、大きな揺れを感じ目を覚ました私は、横に寝ていた小学校一年生の娘を思わず抱きしめていた。立つこともできないほどの地震は、物凄く長い時間揺れ続けていたように思われた。永遠に続くかと思われるその強烈な揺れが収まってからも、私は娘を離すことができなかった。

地震以降数日間、テレビや新聞等のマスコミは、連日地震に関する報道を続けたが、その全容が明らかになるには、相当な時間が必要だった。

破壊され切断された高速道路の先端から、今にも落っこちそうな大型バスの車体。その映像がクローズアップされたテレビ画面に、日本中の人々の目が釘付けになった。巨大な瓦礫《がれき》の山々……百年に一度の大災害……。

ヘリコプターで視察に向かう、当時の首相の姿があった。

「今までありがとう！　もう行っていいよ……」

迫りくる火の手の中、部屋に取り残された小学生の息子S君を助けることのできないまま、地団太を踏んでいる両親を前に、S君の言った最後の言葉だった。

私はこの話を聞いて、涙を禁じえなかった。

地震による火災が被害を増大させ、かつてないほどの甚大な被害を、関西地方を中心にもたらしたのだった。

その年の三月の半ば、私は神戸のS小学校に教員仲間三人で向かった。私以外は、

O市内の別の小学校の男性教諭U氏と、若い女性教諭のDさんだった。教職員組合主催のボランティア活動に参加したのだ。

S小学校のある地区は、この地震の被害が最も大きかった地区の一つだった。

S小学校では地域の代表の熟年女性Bさんが、私どもをあたたかく迎えてくださった。Bさんは私たちにお礼の言葉を述べると、さっそくボランティアの仕事について説明を始めた。

結局私たちには、そんなに大きな仕事というものはなかった。体育館の中の清掃が、主な仕事だったように記憶している。しかし私は、その仕事を意地でもやってやるという気持ちで取り組んだ。モップを持つ手に力が入り、気持ちが高揚しているのが自分でも分かっていた。

次の日、被災された方々に、パンや飲み物を配る仕事をしていた私の前に、小学校三年生くらいの男の子が来た。彼は私に向かって言った。

「お父さんやお母さんが家で、風邪ひいて寝ています。だから僕一人で来ました。

お父さんやお母さんの分ももらえませんか?」

私は一瞬躊躇《ちゅうちょ》した。この物品配布の原則は、一人一個配布である。一人に複数個配布することはできないことだった。私は答えた。

「それじゃあ君一人分は今渡すから、お母さんの分はもう一度並んでくれるかな」

少年はしばし私を見ると悲しそうに目を伏せ、一人分を受け取って、その場を立ち去った。

あとを追いかけていって、彼に三人分を渡してやりたかった。しかしボランティアの規則を破ることは、他のボランティアへの影響が少なからず予想できることであり、私にはできなかった。

彼は今どうしているだろうか? その後テレビ報道等で、見事に復興を遂げた神戸の街を目にするたび、私は少年のその後に思いをはせた。

今となっては彼が、人生の荒波を乗り越え無事成人となって、元気に生きていてくれることを願うばかりだ。そして彼に言いたい。

「あのときは、悲しい思いをさせてごめんな」と。

通知表

通知表は通信簿ともいい、子どもたちにとっては大きな存在といえる。親に叱られると思ったのだろう、あろうことか、その成績欄を改ざんした児童の噂を聞いたこともある。

B小学校の頃、ワープロが出始めていたので、ワープロで下書きをしてから、通知表に手書きの文書を書いていた。新任で行ったA小学校の時はワープロがなかったので、下書きは別のノートに手書きで記していた。ともかく通知表の作成には随分気を使ったものだ。

学校にいる間は、通知表を作成する時間などなかった。しかし今現在の教師たちは、通知表等の公文書を自宅に持ち帰ることもできないようで、どうしているのだろう？　という疑問が湧いてくる。

私は学期末になると通知表を自宅に持ち帰り、深夜まで作成に没頭したものだ。保護者会までに作成しなければならないので、その一週間前からは作成のため、土日を含め午前一時から二時頃までは奮闘していた。新採の頃は徹夜して完成させた記憶がある。

通知表作成のうち一番時間を割いたのは、所見欄の記入だった。難しいのは、努力の跡がうかがえても成績に反映されない場合だ。そんな時は、通知表を手にした子どもが落胆する表情を思い浮かべ、辛くなった。たとえ不本意な結果でも、本人は受け止めるしかないわけだ。そんなときこそ、担任は子どもの努力を高く評価し、所見欄でその努力を称賛する記述をするのだ。

通知表には成績だけでなく、行動面や健康面の軌跡も記入する。通知表は学校生活の軌跡だ。所見欄を記入する教師たちの思いや努力が、子どもたちや保護者に十分に伝わっているかといえば、そうではないように思われる。

通知表は教師側から見れば、あくまでも、子どもたちの健やかな成長を見守り、支援していくためのものである。少なくとも、親が通知表を見て子どもを罵倒したり皮肉を言ったりするために作成しているわけではないことを、述べておく。

教職員バレーボール大会とソフトボール大会

私の現役だった頃は毎年、組合主催の教職員バレーボール大会が夏前に、ソフトボール大会が秋に、開催されていた。両方とも土曜日の午後に開催されていた。バレーボールの時は、大会二週間前くらいから放課後に、体育館に集って練習をした。私はサーブが得意で、かなり強烈なサーブを相手コートに打ち込んでいた。選手選抜は制約があり、全員が出られるとは限らない。女子が何人とか五〇代以上が何人とかと決められていた。私は結局選手ではなく、練習のサーブ専門要員として活躍!?　したのだった。そして私のもう一つの重要な役回りは、応援団員だった。

声をからしての応援は、お手のものだったからだ。あまりに熱心な応援ぶりに、審判員がマジに怒って、退場を申し渡されたことがあった。

どのようなことを言ったか今となっては覚えていないのだが、その審判員がカチンとくることを言ったのは間違いないだろう。

「こらーへぼ審判！　ちゃんと見とらんかい！　今のは、誰が見ても入っとるやろ！　お前の目は節穴か？　アホ!!」

確かD小学校の時に、O市内で優勝した。私は選手ではなかったがどういうわけか、優勝の副賞として選手全員に配られた、うさぎの置物をもらった記憶がある。うさぎ年だったのだ。ということは私が四八歳だった時だ。

ソフトボールの時は放課後、運動場で練習した。

私はピッチャーだった。といってもコントロールの悪い暴投癖のある、チームにとって決して頼りにならない投手だった。しかしどういうわけか、試合中のある時、長打者と目されていた相手チームの某選手を、三球三振に打ち取ったのだから、勝負事は最後まで分からないものだ。

老若男女が一緒になって一つのことをするというのは、結構楽しいことだった。普段目にすることのないその人の一面を垣間見ることもあり、なかなか面白かった。なんでもないゴロを、見事にトンネルするおじさん先生。かと思うと見事なピッチングを見せるおばさん先生。なんやかんや言っても、結構楽しんでいたように思うのは私だけではないだろう。

一九八〇年代すなわち昭和の最後のあたりは、歴史的にもさまざまな出来事があった。バブル全盛期で、『ジャパン アズ ナンバーワン―アメリカへの教訓―』（エズラ・F・ヴォーゲル著、一九七九年、TBSブリタニカ）という本も出ていた。日本の企業が世界に出ていった。海外の企業を日本の企業が買収していった。一九八四年ゴジラシリーズ16作目の上映でゴジラが帰ってきて、首都東京の副都心、新宿を破壊したのもこの頃だ。

個人的にも、人生の変動期ともいうべき時期であった。父の死・結婚・子の誕生・家の新築というような……。

うみのこ・フローティングスクール

うみのこは全国でも珍しい、船上学習船とも言うべき船だ。確か一九八三年、私が三二歳の頃に就航して二〇一八年で引退するまで、実に三五年にわたって、小学校五年生を乗せ続けたのだ。今は二代目のうみのこが後を継いでいる。私は最初からほぼ毎年、うみのこに乗り続けてきた。五年生を持っている時はもちろん、フリーや他の学年を持っている時も、応援要員としてうみのこに乗った。たいていの子どもたちは、このうみのこでの学習に喜んで参加した。二段ベッドで風呂はシャワーのみだったが、どの子もともかくはしゃぎ回っていた印象がある。他校との合同参加で、おおむね同じくらいの規模の学校と二校での参加だった。

教師サイドは結構大変だった。相手校との事前の連絡や協議で何回も両校を行き来しなければならず、何とか子どもたちを無事に乗せるまでの行程が、困難を極めた。けれどいざ実施してみると、子どもたちは環境学習や顕微鏡での微生物の観察等、意外と真剣に取り組んだものだ。停泊するN港周辺でのウオークラリーも、子どもたちに大変好評だった。

うみのこの昼食にカレーライスが出た。それがまためちゃくちゃおいしかった。子どもたちには少し辛いのではないかと思われたが、私の舌には絶妙にフイットした。おかわりができた。もちろん私はおかわりをした。

聞くところによると、有名なホテルの元料理長が、このカレーライスのレシピに関わっていたとか……。さもありなんと思えるほどの見事なカレーライスだった。

一つ、このうみのこにまつわる教師サイドのエピソードを披露しておこう。

O市の某小学校の女性教師お二人、O教諭とK教諭が、子どもたちのウオークラリーでの見守りの役割を終え、某所（多分喫茶店かな？）で休憩していたのだった。少し二人で話していたが、時間がだいぶたっていた。いざ帰ろうと急いで速足で、うみのこの停泊港N港まで行ってみると、船影がない！

いくら探してもうみのこがいない。ふと沖合を見ると、そこにうみのこが悠然と浮かんでいるではないか。

彼女たちは時間をまちがえていたのだ。三時出発と思い込んでいたところ、実は二時三〇分出発だった。連絡が取れないこともあった。今のように携帯がなかった時代だ。気の毒に二人は取り残されてしまったのだ。

その後何とか連絡がついて、彼女たちは列車で無事O市に着いて、合流することができたのだった。

古き昭和の時代の、のどかなエピソードだ。

少年自然の家

四年生を持った時は、O市の北方のK町にある少年自然の家での宿泊学習があった。

冬は、自然の家横のスキー場でのスキーが主な活動で、夏は近くの神社での肝試しがメインだった。スキーはスキー板を履いて実際に滑るのだが、子どもたちにはスキーより、ソリや雪遊びが人気だった。肝試しは、確かに神社は怖いというイメージがあり、泣きだしてしまう児童も一人や二人ではなかった。

夏季・冬季以外にあたると、周辺の山道を使ってのウオークラリーが活動の中心となった。そしてその活動の前には必ず、事前の安全確認が必要で、教師複数による下見が義務付けられていた。

秋のある日、私はD小学校の四年生担任で、三週間後に迫った少年自然の家での学習のため、同じ学年の女性教師N教諭とともに下見に来ていた。

実は私は山道が苦手であった。上り下りの激しい道を歩いて行くのも嫌だったが、あれが出てきたらどうしようかとそのことばかり気をもんでいた。

あれとは蛇だ。私は昔から蛇が大の苦手で、蛇を見れば冗談ではなく、卒倒するほどのショックを受けるのだった。

大体彼らは、あまりにも人間とはかけ離れた形態と動き方をするではないか。あのニュニュニュニョニョニョといった動きは、およそ理解し難い動きであり、私の理解の範疇を遥かに超えているのだ。蛇なのに鳥肌が立つのだ。

私はN教諭とともに、不本意ながら山道を歩いて下見を実施していた。あと少しで自然の家に帰り着くといった地点で、私は見てはならぬものを見てしまったのだった……。

「ヒエーッ！」。思わず私の口から悲鳴が漏れ出ていた。例の爬虫類だった。しかもそいつは私が最も恐れていたマムシ君だったようだ。頭の形が三角形だったようだ……。

私はN教諭をその場に置き去りにしたまま、思いっきり全速力で逃げ出したのだった。

ほうほうの体で自然の家にたどり着いた私は、入り口近くに置いてあったソファに倒れこんで、数分間動けなかった。呆れ顔でN教諭が帰ってくると、私は恐る恐る起き上がり、彼女とともに事務室へ行った。自然の家の職員の方に下見の報告をした。N教諭の冷たい視線を浴びながら、私はマムシにあったことを報告した。すると職員の方が私に言った。

「前田先生それで、そのマムシはどうされたのですか?」

「どうしたかって? もちろん逃げましたよ!」

「マムシがですか?」

「いいえ、私が逃げたのです……」

N教諭が苦笑いをしている。職員も笑っていたような。

「それは残念でした。いやあ私どもはマムシに出合ったら、必ず生け捕りにして持ち帰るんですよ」

「えっ、持ち帰ってどうするんです?」

「焼いて食べるんですよ」

「えっ、うそでしょう？」

「ええ、うそです。ただ生け捕ったあと、飼っているんですよ」

玄関の近くに、虫かごの何倍もの大きさのかごが置いてあった。その中に二匹のマムシが飼われているのを確認した。マムチャンとマシチャンと書かれていた。

蛇のことといえば、結婚したあくる年の夏、自宅近くを妻と散歩していて、ふっと道の前を見ると、大きな蛇（多分青大将）がニョニョニョと横切っていった。私は「ヒエーッ」とばかり妻を置き去りにして、その場を走り去ったのだった。

妻には後ほど、心から嘆かれたことを覚えている。

「あなたはいざという時、何のたよりにもならない人だということが分かったわ……」

先生を代えて

三〇年前、C小学校に勤務していた頃、新しく出てきた学習法で、TT（ティーム・ティーチング）というものを実践するべく私が配属された。

主に算数で実施され、複数の教師で見るため、児童たちのノートを見たり正解か否かをチェックしたりするのに成果を上げていた。教師サイドでは〝成果を上げていた〟と思っていたが、子どもたちにはどううつっていたかはいささか疑問だ。というのも、小学校高学年ともなれば、教師を見る目も多様になり、低学年のようにはいかなくなるからだ。

授業形態としては、最初に学級担任が授業の導入部分を担当し、子どもたちの興味・関心を引きつける。そして問題を提起しみんなで考え解いていく。その上で練習問題を出し、解けたものから教師に見てもらいに行く。そのとき子どもたちは担任かTTの教師かのどちらかを選んで行くわけだが、始まったばかりの春にはたいていの学級では、子どもたちの多くは担任の側に押しかける。しかし夏休みを過ぎた秋になると、大体は同じくらいの人数になるというのが相場だ。

一喜一憂するわけではないが、ＴＴである私の方に子どもたちが押しかけるということは、あまりなかったことだ。だからたまに私の方に多くの子が集まると、内心ほっとすることもあった。

そうして秋も深まってきた頃、ＴＴとして入っていた四年生のある学級の担任の女性教諭Ｓから、相談事がある旨伝えられた。職員室の私の机付近で椅子を並べて対峙し、言いにくそうにＳ教諭は話しだした。

「言いにくいんですけど、うちのクラスのＹさんのお母さんから、先生に代わっていただけないかと言われました」

「どういうことでしょう？」

「お母さんがおっしゃるには、自分の子が前田先生の指導になじめなくて、他の先生に代わっていただきたいとのことです」

「私にＴＴをやめろということですか？」

「そういうことでなく、他の先生に代わってくださいと」

Ｓ教諭は申し訳なさそうに言葉を濁した。要は、娘が嫌がっているし教え方が下手だからやめろと言ってきたんだな、と私は解釈した。ふざけやがって、教師の人事にまで首を突っ込んできやがって、自分を何様やと思ってるんや、とは言わなかったが、いったいこのＳ教諭は私にこんなことを言ってどうするつもりなんや？という疑問が頭をもたげてきた。

ＴＴは二人の教師の連絡や協力が大切で、息の合った者同士が行うのが理想であろう。しかし私とその女性教師は息が合っているとはいえず、ときには教材研究でも考え方が違う面が否定できなかった。しかし教師である限りは協力し、授業を組み立てていかなければならない。私が逆の立場だったなら、ＴＴの担当教師に、あなたの指導がなじめないと言っている子の親がやめてほしいと言ってきていますが、どうしましょう？　なんて言うだろうか？　その前にその親にＴＴ担当の教師の良いところ等を話して聞かせ、親を通してその子に、TT教師になじんでもらうように働きかけるのが正道ではないか。

しかし私はそのS教諭がもしかしたら、私とTTを組むのが嫌になっているということではないかと思えてきた。家庭においても教材研究をし、教具も制作してきた私は、自分なりの自負があった。こと算数指導については、学級担任に劣るはずがないと思ってきた。しかし落とし穴があった。

この件についてその後管理職にも相談して、しばらくその学級の算数科の指導は学級担任のみで行い、年を越えて三学期になってからTTとして再開することとなった。

その母親には会ったことがないが、私はほっぺたを張り倒したい衝動にかられたことを告白しておく。

まあしかし今にして思えば、母親の側に立ってみると、可愛い娘がちょっと嫌な教師がいると打ち明け、それなら担任の先生に言ってその教師を代えてもらおうとした、ただそれだけの話だったのかもしれない。
しかしそれにしても、頭にくることではあった!

池

C小学校に赴任して直ぐに私は、三年生を持ったが、その時に社会科の地域学習として、地域にある多くの池を取り上げ、それらの池が地域の農業にいかに大きな影響を与えてきたかを、子どもたちとともに探っていくという学習を展開していった。

地域に点在する幾多の池は、江戸時代に人々の手によってつくられた人工の池がほとんどであった。

私はまず、地域の長老ともいえる人物を訪問した。地域の生き字引きともいえる人物で、今聞いておかないと、永久に聞けないと思えるような話を期待して聞きに行ったのだ。

「初めまして畑田先生、私はC小学校の教員の前田と申します。この度は私どもC小学校の子どもたちのために、この地域にある多くの池についてお話をうかがいたくて参りました。先生のご存じの範囲で結構ですので、私どもの子どもたちに関わりのあることを、お話しいただけたらうれしいのですが……」

畑田氏は白いあごひげを生やした八〇代半ばと思しきご老人であったが、腰はまだ曲がっておらず、動作はキビキビしていて、すこぶる元気な印象だった。畑田氏宅は地域でも一、二を争うほどの大邸宅であった。土間は二〇畳ほどあり、子どもなら三〇人ほどは収容できそうだった。

後日総勢三二人の児童を引き連れ私は、畑田氏宅を訪れた。畑田氏は終始笑顔を絶やさず、子どもたちに優しく語りかけるように、地域の池について話をしてくれた。

地域に一〇ほどある池のうち、多くが明治より前に作られたこと、幕府からの補助が一切なかったこと、自分たちで維持していかなければならなかったことなどを話してくれた。

私は畑田氏の話を聞いているうちに、瀬田川の氾濫《はんらん》に苦しんだ民のため、親子三代にわたって、私財をなげうって瀬田川の瀬ざらいを行った、あの、太郎兵衛《たろべい》さんを思い浮かべた。

藤本太郎兵衛は、近江の国の北に位置する村の庄屋であった。親子三代にわたって幕府に瀬田川の瀬ざらいを直訴し続け、三代目の太郎兵衛の時、一八三一年にようやく許可が下りたのだった。

藤本太郎兵衛親子三代は、幕府の許可をもらうために死を覚悟で江戸に赴き、幕府の許可を得て、私財を投じて瀬ざらいを実行した郷土の偉人であった。

許可をもらうのみで幕府からは、何の援助もなかったのである。びた一文、江戸幕府は出さなかったのだ。

歴史には表舞台で英雄とかが、大手を振って歩いているような印象があるが、名も知らない市井の人こそが、貧しい人たちのために真に立派な行いをしていたということがあると、私は思っている。この三人の太郎兵衛さんたちのように。

この学習を通じて、子どもたちなりに、地域の池の大切さを意識してくれたようであった。

普段ははっきり言ってあまり学習には熱心ではなく、特に算数では低い成績に甘んじていた中畑敦が、この学習には興味を示し、池の大切さをたどたどしい文章で表現していた。

『このいけは、ほんまにすごいです！　おひゃくしょうさんたちにやくにたつ池でした』

そして最後の仕上げの学習で、意見を言い合う場面でそのことが起こった。

学級の中では、一、二を争うほど成績優秀だった伊藤順作が、「僕は、幕府からもあまりいい目で見られなかったこんな池が、今も残っているなんて不思議に思いました。このような池は、あまり役に立つことはなかったんじゃないかと思いました」と言ったと同時に突然、中畑敦が席を立って声を張り上げて言った。

「そんなことあらへん！　あれらの池があったから、お百姓さんらは生きてこられたんや!!　今の僕らがあるんや!!」

私は社会科の成績をその場でつけた。

伊藤順作は「がんばろう」

中畑敦は「よくできる」と。

後日、通知表を渡す保護者会に中畑敦の祖母が来た。

彼女は通知表を見て、一瞬驚いた表情を浮かべた。

「先生、これは何かの間違いと違いますの？」

私は努めて平然と言った。

「敦君の頑張った跡を評価させてもらいました。決して間違いではありません。敦君はこの地域にある多くのため池について、しっかりと理解を深められました」と。

祖母の目に光るものがあった……。

D小学校3年A組　臨時保護者会

C小学校に九年勤めた後、同じO市内のD小学校に転勤した私は、そこでもまた何度目かの三年生を担任した。

遊び中心の先生という評判は消えることなく、保護者の中で、残念ながら私を快く思っていなかった方が数人おられたようだ。以下は、私がその会に出席した保護者のSさんから伝え聞いたことの要点だ。

秋も深まった頃、保護者会の案内ということで、自宅の電話に連絡網から連絡が入った。会は○月○日夜の八時からという。随分と遅くからの会だなと不思議に思ったが、『三年A組の先生と子どもたちについて』というテーマだったので参加してみることにした。

私の帰宅後、学校の会議室で始まったその会は、遅い時間帯にもかかわらず、学級のほとんどの保護者が参加していた。

「A組の青谷隆の母です。私は前田先生には、他の先生と代わっていただきたいと思っています。特定のお子さんたちとは、いつもニコニコとお話ししておられ、休み時間にはそのお気に入りのお子さんたちとよく遊んでおられます。でもうちの子なんか、全然相手にしてもらっていません……」

「A組の須藤豊の母です。豊はみんなと一緒に遊ぶことが苦手です。それを無理矢理遊ばそうとする子がいて困っています。先生はそのことを止めようとはなさらないようです……」

「A組の大田真子の父親です。算数や理科の時間に、子どもたちにジュースやアイスキャンデーを食べさせるというのは、いかがなものかと思います。お金は学級費から出ているとのことですが、学級費をそのようなことに使っていいものでしょうか?」

「あら、うちの子は喜んでいましたよ。今日はアイスキャンデーが食べられるって」

「どんな勉強でアイスキャンデーだったんですか?」

「確か理科の実験で、零度以下になると凍りだすのを……触媒の食塩をジュースにかけて……」

「A組の松尾由香里の母です。うちの子は、毎日喜んで学校に行っています。別に前田先生が嫌だということを言っているわけではありませんし、休み時間は楽しいと言っています。ただ少しだけ言わせていただけたらと思います。宿題が他の学級より少ないと思います。もう少し子どもたちの将来のことを思っていただけたら、宿題を増やしていただけたらと思うのですが……」

「A組の国岡麻衣の母です。娘は、前田先生は面白い先生だと言っています。よく遊んでくれる先生だと」

「A組の助市大輔の父親です。前田先生は確かに少しひいきにしているお子さんたちがいるのかもしれませんが、それがえこひいきとまではいえないのではないかと思います。このご時世、先生も大変です。もう少し大きな目で見てあげたらと思いますが……」

「うちの子も、先生が絶対に嫌だと言っているわけではありませんが……」

「校長先生、質問があります。先生を途中で代えることは可能でしょうか？」

校長が、苦虫を噛み潰したような表情をしつつ答える。

「担任が病気等で授業に出られなくなった場合は、講師を雇うことはできます。しかし今回のような場合は学校内で、別の教師が代わりを務めるしかありません」

「先生が途中で代わるなんて、産休の時くらいしか思い浮かびませんが、子どもたちにとって果たしていいものでしょうか？」

「いったい前田先生の何が問題なんでしょうか？

果たして先生は児童に対して、何か良からぬことをしたのでしょうか？」

等々いろいろな意見が出たようだ。

結局、私を代わらせてほしいという保護者の方数人の願いは、叶わなかったらしい。このまま様子を見ようということで、会議はお開きになったらしい。

私はこの話をその当時は知らなかった。D小学校から最後の赴任地E小学校に異動してから、何かの機会に、Sさんから聞いて知った次第だ。

私は保護者の方々に感謝した。私を結果的に擁護することになった方だけでなく、私を排斥しようとした方にも、どういうわけか怒りはあまり感じなくて、すまないという気持ちが勝っていたといえる。

今から思い起こせば、その頃校長に呼び出され、校長室で子どもへの指導のことで、問われたことがあった。校長が言った。

「お母さんが言うには、前田先生はうちの子なんて全然見ていない感じ、やて」

「宿題はどの程度出してるんや？」

私をよく思わなかった保護者と児童は、確かにいたのだ。

残念だった……。

学級崩壊か

十五年前、私は市内のE小学校に勤めていた。定年まで残すところ数年という私は、生徒指導担当で、主に高学年の理科と図工を教えていた。学級のカラーというのか全体の雰囲気というものがあって、教えやすいクラスとそうでないクラスというのは確かにあった。そうしてその感じは、その学級担任の日頃の態度が反映していたともいえる。要するにきっちりと学級を掌握し、子どもたちをしっかりと学習やその他の活動に向き合わせている教師の学級は、教えやすかった。逆にそうでない教師の学級は、やはり授業態度の良くない児童が目立ったことは否定できない。

こういう私も偉そうなことはいえない。過去に一人の児童を指導しきれなくて、学級崩壊の手前までいった経験がある。E小学校で二年目、四年生を持っていたときだ。

私の学級の児童、杉野孝夫は、小学校四年生としては大柄で頭も良かった。しかし陰で数人の児童を操り、授業中に騒いだりゲラゲラ笑いだしたりと、かなり陰湿な授業妨害をしだした。生徒指導と連携し、授業中の見守り等対策を講じたが、もちろんそんなときの孝夫は、おとなしく授業を受けていたものだ。

秋の某日校長室に、校長と教頭と私と孝夫の両親がいた。私は普段の孝夫の姿を両親に話していた。

「孝夫君が数人の男児に目で合図して、急にみんなで足を鳴らすというようなことが、何度もありました」

「何度もて、そんなに頻繁に孝夫が、そんな授業妨害みたいなことを起こしていたんですか？」。父親が言う。

「家ではほんまにようできた子で、そんなことしてるなんて信じられません。姉とも仲良うて」。母親が言う。

「家でのことは存じませんが、学校では今言ったようなことがここ一カ月ほど続いておりますので、どうしたものかと担任としても悩んでいるところです」

私は最後に、両親に向かって頭を下げて言った。

「生徒指導部の先生方の見回りの時は、孝夫君はいたって真面目な態度で授業を受けておられますが、そうでないときは、残念な行動に出られることがいまだにあります。まあ、おうちでも何かの機会に、このことを注意していただけたらと思います」

了解したとは言いがたい表情を浮かべ、孝夫の両親は校長室をあとにした。彼らの姿が見えなくなると校長が言った。

「まさか前田先生あそこまで言うとは……」

「いやあ、はらはらしましたよ」。教頭が続いて言う。

私は言った。

「本当のことを言っただけです。ぼかしたようなことを言っても、何も伝わりませんから……」

なんとかその学年を終わらせたが、学級担任から外れフリーとなった時、ある高学年の女子児童が私に向かって言った言葉が、今も印象に残っている。

「前田先生、孝夫君のことでめっちゃ苦労したんやてなあ。みんな知ってるで」

私は、自分の教師としての不甲斐なさを痛感せざるを得なかった。本音として、フリーになって少なからずほっとしている自分がいた。しかし、それもほんのつかの間の休息であった。

アダルトビデオを見る？

E小学校で、定年まであと二年というある日の放課後、私は理科室で六年生のある学級の実験を主にした授業を終え、職員室で休憩していた。

理科の実験は準備が大変だが、幸いその授業の前がたまたま空き時間だったので、実験器具等の準備もできたが、学級担任ならとても大変だ。高学年になると教科担当が入る授業が多くなってくるが、そういった事情もあるわけだ。

休憩しながら私は、翌日の図工の写生について、場所や構図等を考えていた、とその時突然教頭が来て

「前田先生、ちょっとお話が。校長室へ来てください」

私はなんだろう？　と思いつつ、来年の人事のことかななどと軽く思って腰を浮かしたのだった。

校長が開口一番「前田先生、単刀直入に聞くけど、パソコン室でアダルトビデオ見てたてほんまか？」

私は一瞬何のことか分からず、ぽかんと口を開けていたように思われる。ようやく「えっ、何のことです？」

「いや六年B組の、足立久美香という女の子のお祖母さんが言うてきやはってな」

「アダルトビデオなんて、そんなところで見るはずないでしょ」

「そうやなあ。学校のパソコンではそんなビデオ見られへんはずやなあ。久美香さんてどんな子や？」

「どんなと言われても。まあおとなしい子ですが」

「成績はどうや？　お祖母さんが昔先生やったそうや」

「はっきり言うて良くはありません。中の下といったところでしょうか」

私はその女子児童、足立久美香のことを思い浮かべてみた。小柄でおとなしく目立たない子で、声も聞き取るのに難儀するほど小さな声で話すのが常であった。しかし授業態度はまじめで、真剣に話を聞いているという印象があった。ただ授業内容に関しては、呑み込みが早いとはいえず、理解するのに時間を要するという一面があった。

私は意外だった。あんなおとなしい子が、なんで私を陥れるようなことを家の人に言ったのか？

私は久美香にとっては、良い教師ではなかったのだろう。成績は振るわず、元教師だった祖母からも叱られていたのかも。そんな中、久美香は私を嫌い、何とかして理科の担当から外そうとしたのでは？　しかし私は、そんなビデオを学校のパソコンで見たことなどまったく覚えがなかった。

家のパソコンでは、そのようなビデオを見たことがないと言えばうそになる。金のかかるサイトには決してアクセスしたことはないが、無料のものなら複数回見たと告白せざるを得ない。しかしこの場はどうしたものか？

とその時急に、パソコン室での記憶が甦った。理科の授業で男女の体の成長という単元があったが、その単元の学習を展開するに当たって、関連のビデオを先日、パソコンで視聴していたことがあったのを思い出したのだ。確か女性の身体的な変化とかが画像にあった。それは確かに裸の写真とみられる。それを久美香は見たのではないか？

私は校長に言った。

「今思い出しましたが、パソコン室で先週だったか授業が終わったあとで、次の学習のビデオ、市販の学習のビデオですが、男女の体の違いと成長に関するビデオを見ていたことがありました。おそらく、それを見ていた私の様子を久美香さんが見て、裸のビデオを見ていると、勘違いをしたのではないかと思われます」

「そうですか。それやったら納得がいくのやが。

確かにコンピューター主任も、学校のパソコンでは変なビデオは見られません、と言うとったしな」

「お願いします。久美香さんのお祖母さんに説明してあげてください。前田が見ていたのは、理科の次の学習のビデオで、教育ビデオやったと」

なんとかその場を乗り切ったと思った私は、校長・教頭両管理職に頭を下げて、

「今回のことはある意味で、私のすきのある行為によって引き起こされた感もなきにしもあらずです。以後気を付けますので、どうか久美香さんのお祖母さんによろしくお伝えください。それでは、授業がありますので失礼します」

私は胸のもやもやを振り払うかのように、その場をあとにした。

その後管理職からは、お呼び出しはなくなった。

しかし、私のもやもやはなくなることはなかった。

その女子児童、久美香に会うたびに嫌な出来事を思い出しつつ、こんなことでその子を差別するようなことがあってはならないと言い聞かせはするが、やはり私を気に食わないので、家族に言ったのだなと思っている自分がいる。

それにいっこうに、詫びの言葉を先方から聞くことはなかった。

その後、校長も教頭もこの件については無言であった。

完全に無実だと思われたのではないのかもしれない。久美香の祖母も、半分疑いの目を持ったまま結局謝る必要もないとしているのか。

私は本音を言えば、久美香にも久美香の祖母にも、校長にも教頭にも謝ってほしかった。久美香には、勘違いをしたことのみについて謝ってほしかった。

久美香の祖母には、孫娘の勘違いを疑うことなく、私がアダルトビデオを見ていたと早合点し信じたことを、反省してほしかった。

校長・教頭には、私を疑い突き詰めるようなまねをしておきながら、一言の詫びもなかったことを詫びてほしかった。

しかしながらさらに突き詰めれば、今の時代のようにＳＮＳが幅を利かせている時代でなくて、まだよかったのかもしれない。

今の時代なら私は、悪意ある者の誹謗中傷で、ＳＮＳ上に拡散されて、教師でいられなくなったかもと思う。そういう意味では校長・教頭で止めてくれたともいえ、感謝しなければならないのかも知れない……。

市井の教師が、とんだ災難にあったという体験談となってしまったが、私にもいろいろ至らない点があったことは認めざるを得ない。

教師として果たして私は、子どもたちの良き指導者であったろうか？　何らかの教育者としての貢献ができたのだろうか？　私には分からない。

定年まであと二年という時、このような災難ともいうべき出来事に出合った私は、以後どんなことがあっても、定年まで勤め上げてやろうと決意した。

二〇一一年三月一一日、あの未曽有の東日本大震災が起こった。

その日私は、職員室にいた。かなりの揺れを感じた。しかし立っていられないほどではなかった。私の町は……。

後ほど報道等で、悪夢のような映像の数々を見て私は涙した。

些少ではあるが、私は退職金の一部を被災地に寄付した。

こうして私は、三三年にわたる教師生活にピリオドを打ったのだった。

小さなエピソード　鳴らなかったピストル

Ｃ小学校に勤めていた時の、ちょっとしたエピソードを記しておこう。

運動会の綱引きの時だった。五・六年生合同チームの赤組対白組の対戦だった。

指揮台に立って今まさに合図のピストルを撃とうとしているのは、私だった。緊張の空気が一気に張り詰め、私はピストルを大きく頭上にかざした。

「よ〜い！」。私は大きな声を張り上げた。

「プス」

「あれ？」。私はピストルを見る。

ピストルは鳴らなかった。

私はもう一度、ピストルをかざした。

「よ〜い！」。今度こそと引き金に手をかけた。

「プス」。また鳴らない。

張りつめていた空気が緩んだ。ざわめきが起こった。

私は慌てて選手たちの方に向かって言った。

「ごめんね！」

ざわめきが笑いに変わった。

男性教員のQ教諭が、私の方へ別のピストルを持って走り寄ってきた。私はそのピストルを受け取ると、

「よ〜い！」。今度こそと祈るような気持ちで、

「パーン‼」。あたり一帯を劈《つんざ》く破裂音がこだました。

「わ〜〜」。ようやく対戦が始まったのだった。

結局その前の準備段階で、用具役員であったQ教諭が、火薬の位置を間違って詰めていたのだった。

二度にわたって、音なしのピストルを二発も発射した私こそいい面の皮だったが、確かめなかった私にも責任の一端はあった。怒る気にもなれず、綱引きが無事に終わって、ほっと胸をなで下ろしたのだった。

Q教諭は私より二年先輩で、教務主任だった。どこかひょうひょうとしていて、あまり怒った顔を見たことがなかった。子どもたちにも人気があった。

以後彼を見るたび、この時の消音ピストルのことを思い出し、複雑な笑いが込み上げてくるのだった。

まぇせん＝前田先生の歌？

そのC小学校には九年いた。そしてそこから同じ市内のD小学校に転任した私は、そこでも中学年を受け持つこととなった。

三年生の児童を最初に担任した。とても元気な子どもたちだった。ここでも私はボール遊びの『てんだい』を広めた。長休みや昼休みになると、子どもたちと『てんだい』をして遊んだ。

いつしか私は、子どもたちから『まえせん』と呼ばれるようになっていた。前田先生を短縮して『まえせん』ということらしい。

「まえせん、てんだいしよう」

「まえせん、今日は宿題なしにして」

「まえせん、結婚してるの？」

「まえせん、子どもいるの？」

等々、まえせんと呼ばれても私は別に怒りもしなければ喜びもしなかったが、そう呼ぶことを禁じることはしなかった。しかし他の先生のことを、私のあだ名のようにして呼ぶことは禁じた。中田という名の先生を『なかせん』と呼ぶようなことを。示しがつかなくなるし、その先生にも失礼にあたるからだ。

その児童、工藤蓮太は学力は高い方だったが、行動面で幼さの残る子どもだった。あるとき職員室前の廊下で、蓮太が私に話しかけてきた。にこにこ笑いながら、蓮太は私に言った。

「まえせん、ぼく歌つくったんやで。聞いてくれる?」

「ほう、蓮太君どんな歌を作ったんや?」

「ほんなら今うとうてもええか?」

「ああ、ええよ」

蓮太は廊下に立ったまま私の方を向いて、大きな声で歌いだした。美声とまではいかないが、かなり透き通った声だった。

「まえせん♪　はりせん♪　〇〇〇えびせん♪」

「まえせん♪　はりせん♪　〇〇〇えびせん♪」

私はなんとも言えない気持ちになった。いかにも楽しそうに声を張り上げ、くりかえし歌う蓮太の顔を見ていると、怒る気にはなれない。

以来、授業中以外で蓮太は私を見るたびに、必ずといっていいほどこの『まえせんの歌？』を歌うのだった。

よみがえった立て看板

私が最初に赴任したA小学校から、B小学校に転任した時の学習活動の一部について記しておく。

四年生の担任をしていた時だ。子どもたちが主役の授業を、と思って展開した授業だった。

環境学習の教材として、学校近くを流れる川を取り上げた。子どもたちは川の上流と下流の水をくみ上げてきて、汚染度を比べてみた。下流の水がより汚れていることが分かり、川の掃除をすることになった。

実際に掃除をしてみた。えっこんなもんがとか、なんでこんなん川に捨てるんや、とかといった子どもたちの声が聞こえてきた。子どもたちは意見を交わした。少しでも川に物を捨てる人が減るようにと、注意喚起の看板を立てることになった。放課後に有志を募って、図工室で製作した。多くの子どもたちが鋸や金槌を持って、真剣に作った。

子どもたちの作った看板は、地域の人々に好評だった。かなり長い間それらは設置されていた。

十数年後、同じ小学校を訪ねてみて驚いた。明らかに私たちが作ったものとは違う看板が、川の傍らに設置されているのを私は見た。

私ははたと思いいたった。あの看板を作ったのはもはや一〇年以上も前、今に残っているのはもはや看板ではなく、長い年月による風化によって木切れ同然の代物になっていた。それらは皮肉にも、ごみを減らすよう呼びかける看板そのものが、ごみと化する過程だったのだ。私は恥じ入った。

あの時良かれと思った教育は、ごみを残してしまった。しかしそのあとうれしいことに、私たちのしたことに同意してくださり、古い看板を撤去し、また新しい看板を作ってくださったのだ。

私は感動した。そして深く感謝した。同じ思いで、看板を作ってくれた先生や子どもたちがいたことに。

教育とは時につまずくこともある。試行錯誤の中で少しでもいい方法を模索していくしかないのだ。

あの時の子どもたちも、今では五十代。どうか元気で生きていてくれよ。先生も何とか生きとるぞ！

少し長いあとがき

今は二〇二四年。退職してはや十二年、古希を過ぎ後期高齢者へまっしぐら、という年齢にさしかかったところで、今一度自分の来し方を振り返ってみた。

昭和の時代十数年を、若い教師として勤務し、平成の時代を、恥ずかしながらいわゆる中堅教師として二十年勤務してきた。そして二〇一一年三月、あの大震災の起こった年に退職した。

昭和の時代は遠くなった。あの時代を振り返ってみることに意味はあるのかとも思うが、私は通ってきた道を自分なりに振り返ることに、自分だけの意義を見出したいとも思う。

本文中に、今となっては数十年も前のこと故、個人名を伏せたままの公表なら許されるのでは、と思う箇所が数カ所認められる。しかしその文章の関連で、迷惑のかかるような人が出てくるなら、それは著者の本意ではないので、ここに謹んで謝罪いたします。ごめんなさい！　どうかお許しください！

退職後の私の人生を記しておこう。Ｅ小学校を最後に退職した私であるが、実は思ったほど不幸な道を歩んでいるわけではない。

退職した年は、あの大震災が起こった年ではあったが、無事退職し、なんと退職のお祝いの会までその時の学校長の判断で開催していただいたのだ。

あの大震災の影響で、市内の大多数の小学校や中学校では、職員の退職祝いは見送られたのだったが、私は見送ってもらえたのだ。

退職した年の五月には、大学を卒業し、地元の銀行に勤めだした娘が、初月給で私たち老夫婦にディナーをご馳走してくれた。うれしかった。息子も次の年に大学を卒業して働きだして、初月給で私たちにランチをご馳走してくれた。父親としてろくなことをしてこなかった自分のような者に、子どもたちは優しかった。

退職した年の九月の末には、妻と東北方面への旅行にも出かけた。月山にのぼった。

その年の秋、私は地元の大型量販店で偶然、Ｊに出会った。Ｊはその頃、私が新任で勤めていたA小学校に勤務していた。Jは私の退職祝いをしようと言ってくれ、C小学校で一緒だった元同僚たちに声をかけてくれた。二〇一二年の六月、K市の居酒屋で元C小学校の先生方の同窓会が、二〇人規模で催された。

Jとはその後今まで、Jの友人の女性教諭Mさんも交え、一年に数回は酒席を設けてきた。酒席だけでなく、私の妻も交えて、観光地を訪れたりもした。

この後、コロナ禍でJとの交流も三年間断たれていたが、二〇二三年夏、コロナが二類から五類になり、コロナへの対策が緩和されてから、酒席を復活させた。

Jに対する私の思いは、ここ十年で変わってきたように思う。恋心は今も完全になくなったとはいえないが、このまま友人関係を維持した方がいいと思っているし、その方が断然長く続くように思うのだ。老いらくの恋など、私には似合わないと自覚している。

二〇二三年の暮れ、O市内の大型量販店内で店内をうろついていると突然声をかけられた。

「前田先生違います？」

振り返ってみると、五十がらみの恰幅のいい中年の男の姿がそこにあった。

「ええ前田ですが……」

「やっぱり！　前田先生や、僕や、飯田保です」

どういうわけか私の脳裏に、さっと彼の小学校の時の顔が蘇ってきた。不思議だった。

「ああ保君！　I町に住んでいた」

「先生今どこ？」

「とっくに退職しとるわ」

「そうか！　もう四十年も前やもんな」

近くに彼の両親と思しき、八十代の老人の男女がいた。母親の方が言った。

「先生ですか！　その節はこの子がお世話になりました。今はこの子がいてくれて、ほんまに助かってますのや」

飯田保は、成績は後ろから数えたほうが早かったが、実に気立ての良い子だった。

私はうれしかった。成績なんてそんなに大事なことやない。私はその時の飯田保に関しては、今を立派に生きている、両親の支えになっている実にたのもしい存在に思えた。

『保君、頑張っているんやなあ！』

私は笑顔で飯田家の人々に別れを告げた。

私の胸をすがすがしい風が吹き抜けていった。

こうして自分の半生を振り返ってみて思うのは、教師になって教師として働くことができて、本当に良かったということだ。

多くの先生方や一般の方々にお世話になった。迷惑をかけたこともあったが、おおむね私の教師生活は恵まれていたと思う。子どもたちとの出会いにも恵まれていたし、正直その時はあまり良い印象を持たなかった人たちに対しても、今となっては、昔話だと割り切ることができるようになってきた。

二〇二三年一〇月二二日は私にとって、退職後の最良の日とも言うべき日になった。私の孫娘は三年前二〇二〇年に、コロナ禍の中で生まれた。無事に生まれてきてくれたことは、大きな喜びであった。それから三年たった一〇月の吉日、七五三のお祝いをすることができた。この六月に誕生した娘夫妻の次女のお宮参りも一緒に祝った。

淡い紫を基調とした、華やかな衣装に身を包んだ三歳の孫娘は、私の目には一層輝いて見えたものだ。

幼いながら、着物姿でにっこり微笑んでいる三歳の孫娘を見ていると、自然と涙がにじんできた。


私は市井の教師として、三三年間教職にあった。

結婚前は昭和の一若手教師として。

結婚後は平成の一中堅教師として。
反省点は多々あれど、断言できる。
教師生活に悔いなし!!

最後に本書を刊行するにあたって、さまざまな点でご教示いただきお世話になった、幻冬舎の田中大晶さんをはじめ、幻冬舎メディアコンサルティングのルネッサンスライト担当窓口の皆様方に、深く感謝いたします。

おかげ様で拙いながらも、本音を吐露した本書を刊行することができました。本当にありがとうございました。

昭和の教師 万歳!
平成の教師 万歳!
令和の教師 万歳!
まだ見ぬ未来の教師 万歳!!

参考文献

２０１６年９月４日
読売新聞朝刊の気流蘭　「淡水魚学ぶ水槽」
２０１７年１月17日
朝日新聞朝刊の声欄「悲しい目の少年　今も元気か」

〈著者紹介〉

前田 義孝（まえだ よしたか）

１９５０年　大津市石山にて誕生
１９７４年　立命館大学法学部卒
　　　　　　広告会社、医療機器メーカー、書店員等を経て
１９７８年　小学校教諭として関西の市立小学校に勤務開始
２０１１年　小学校教員を退職

せんせいのほんね
元教師《もときょうし》まえせんこと前田先生《まえだせんせい》の独白《どくはく》

2024年6月20日　第1刷発行

著　者　　前田義孝
発行人　　久保田貴幸

発行元　　株式会社 幻冬舎メディアコンサルティング
〒151-0051　東京都渋谷区千駄ヶ谷4-9-7
電話　03-5411-6440（編集）

発売元　　株式会社 幻冬舎
〒151-0051　東京都渋谷区千駄ヶ谷4-9-7
電話　03-5411-6222（営業）

印刷・製本　中央精版印刷株式会社

検印廃止

ISBN 978-4-344-69116-2 C0095
幻冬舎メディアコンサルティングＨＰ
https://www.gentosha-mc.com/